高校生から始める

Jw_cad
建築製図入門
RC造編

・Jw_cad8対応版・

JN090584

はじめに

　2012年末に本書を出版してから早9年以上が経過しました。その間、多くの方々にご愛読いただくことができました。しかし、9年以上の間に、本書で採り上げているJw_cad（Windowsパソコン用の2次元CAD。フリーウェア）はバージョンが7.11から8.24aに更新されたことと、OSは「Windows10」が主流になり、使い勝手などもかなり変わっています。そこで、このたびJw_cadの最新バージョン8.24aを付録CD-ROMに収録し、ソフトの解説や画面画像も一新し、再出版することにしました。

　長年にわたり、工業高校建築科の教師として、製図やCADの授業を担当してきました。今回、本書で取り上げる「鉄筋コンクリート（RC）造」という課題は、手描き製図の授業では必ず扱ってきました。しかし、時間の関係で、CADの授業では「木造」しか扱えませんでした。生徒たちは、木造建築を作図するCADの知識で、RC造による卒業設計などを見よう見まねでCADで作図した結果、線の使い方のルールや図面間の整合性などの基本的なことを間違えるケースが多くなっているのが現状です。そこで、RC造でもしっかりとした基本ルールに沿ってCAD図面を作図できるようにするための入門テキストが必要と考え、本書を執筆しました。

　タイトルに「高校生から始める」という表現を含めています。ただ、「高校生」と銘打ってはいますが、それは「初めてCADに取り組む高校生でも理解できる」内容であるという意味もあります。高校生以外の学生さんや一般の初心者の方でも、授業やCAD講習会などの限りある時間で、あるいは独学で、CADによる建築製図の基礎・基本が習得できるよう、コンパクトな内容にまとめてあります。

　本書では、最初に建築製図の基礎知識を学習した後、Jw_cad（Windowsパソコン用のCAD。フリーソフトウェア）を使って、「鉄筋コンクリート（RC）造2階建事務所」（本書オリジナル）を例題にした基本建築図面「平面図」「配置図」「断面図」「立面図」を順に作図します。

　「1章　建築製図の基本」では、これから建築製図を学ぶ方のために、建築図面の種類と概要、本書で作図する課題、各種図面の関連性や見え方、建築製図の基礎知識などを解説しています。

　「2章　Jw_cadの準備」では、Jw_cadの入門者や初心者の方のために、Jw_cadのインストールをはじめ、起動・終了の操作、画面各部の機能、ツールバーの設定、図面の保存、基本設定の方法などを解説しています。

　「3章　製図の準備」では、建築製図の作図の準備として、図面の用紙サイズ、作図する線の色（太さ）や種類、レイヤ、図面の縮尺の設定方法を解説したうえ、図面枠と表題欄の作図方法を解説しています。

　4章から6章では、「鉄筋コンクリート（RC）造2階建事務所」の建築基本図面の作図方法を解説しています。4章で「1階平面図」「2階平面図」を並行して作図し、「1階平面図」のまわりに敷地や外構を作図して、「配置図兼1階平面図」とします。次の5章で、「1階平面図」「2階平面図」を基に、図面どうしを関連付けながら「A−A断面図」を作図します。そして最後の6章で「南立面図」を作図して、図面を完成させます。

　本書は、すでに出版されている『高校生から始めるJw_cad建築製図入門（Jw_cad 8対応版）』（エクスナレッジ刊）の内容が「木造」であったのに対して、そのバリエーションとしての「RC造」です。この2冊および他の『高校生から始めるJw_cad』シリーズもあわせてしっかりマスターしていただき、Jw_cadによるCADの建築図面作図力を向上させていただけると幸いです。また、本書をきっかけとして、ひとりでも多くの方が建築を好きになっていただけることを望みます。皆さん、頑張ってください。

2022年1月　櫻井 良明

本書をご購入・ご利用になる前に必ずお読みください

●本書の内容は、執筆時点（2021年12月）の情報に基づいて制作されています。これ以降に製品、サービス、その他の情報の内容が変更されている可能性があります。また、ソフトウェアに関する記述も執筆時点の最新バージョンを基にしています。これ以降にソフトウェアがバージョンアップされ、本書の内容と異なる場合があります。

●本書は、「Jw_cad」の解説書です。本書の利用に当たっては、「Jw_cad」がインストールされている必要があります。Jw_cadのインストール方法はp.26を参照してください。

●本書で解説しているフリーソフト「Jw_cad」については無償のため、作者、著作権者、ならびに株式会社エクスナレッジはサポートを行っておりません。また、ダウンロードやインストールについてのお問合せも受け付けておりません。

●本書は、パソコンやWindows、インターネットの基本操作ができる方を対象としています。

●本書は、Windows 10がインストールされたパソコンで「Jw_cad Version 8.24a」（以降「Jw_cadバージョン8.24a」と表記）を使用して解説を行っています。そのため、ご使用のOSやソフトウェアのバージョンによって、画面や操作方法が本書と異なる場合がございます。

●本書で解説しているJw_cad以外のソフトウェアの動作環境は、各ソフトウェアのWebサイト、マニュアル、ヘルプなどでご確認ください。

●本書を利用したことによるいかなる損害に対しても、データ提供者（開発元・販売元・作者など）、著作権者、ならびに株式会社エクスナレッジでは、一切の責任を負いかねます。個人の責任においてご使用ください。

●本書に直接関係のない「このようなことがしたい」「このようなときはどうすればよいか」など特定の操作方法や問題解決方法、パソコンやWindowsの基本的な使い方、ご使用の環境固有の設定や機器に関するお問合せは受け付けておりません。本書の説明内容に関するご質問に限り、p.32の「FAX質問シート」にて受け付けております。

以上の注意事項をご承諾いただいたうえで本書をご利用ください。ご承諾いただけずお問合せをいただいても、株式会社エクスナレッジおよび著作権者はご対応いたしかねます。あらかじめご了承ください。

Jw_cadについて

Jw_cadは無料で使用できるフリーソフトです。その使用に関して、株式会社エクスナレッジ、著作権者、データの提供者（開発元・販売元）は一切の責任を負いかねます。個人の責任で使用してください。Jw_cadバージョン8.24aは、Vista/7/8/10上で動作します。本書の内容についてはWindows 10での動作を確認しており、その操作画面を掲載しています。なお、Microsoft社がWindows Vista/7のサポートを終了しているため、本書はWindows Vista/7での使用は保証しておりません。また、Jw_cad8.24aが対応していないWindows 11での動作も保証しておりません。ご了承ください。

◉ **Jw_cadバージョン8.24aの動作環境**

Jw_cadバージョン8.24aは、以下のパソコン環境で正常に動作します。
OS（基本ソフト）：上記に記載／内部メモリ容量：64MB以上／ハードディスクの使用時空き容量：5MB以上
モニター解像度：800×600以上／マウス：2ボタンタイプ（ホイールボタン付き3ボタンタイプを推奨）

カバーデザイン：会津 勝久／編集制作・本文レイアウト：鈴木健二（中央編集舎）
Special Thanks：清水 治郎＋田中 善文／印刷所：シナノ書籍印刷

CONTENTS

付録CDの内容

付録CDには、以下の構成で、Jw_cad（バージョン8.24a）インストール用プログラム、および本書での学習に利用できるRCオリジナル図形（.jws）と練習用データ（.jww）を収録しています。RCオリジナル図形と練習用データは、どちらもパソコンのハードディスクの下図で示すフォルダに、フォルダごとにコピーしてから利用してください（→p.29）。

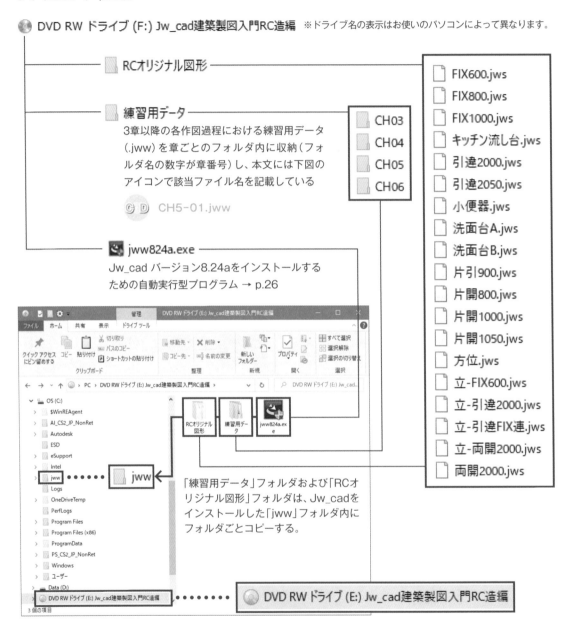

○ DVD RW ドライブ (F:) Jw_cad建築製図入門RC造編　※ドライブ名の表示はお使いのパソコンによって異なります。

- RCオリジナル図形
- 練習用データ
  3章以降の各作図過程における練習用データ（.jww）を章ごとのフォルダ内に収納（フォルダ名の数字が章番号）し、本文には下図のアイコンで該当ファイル名を記載している

  ○ D CH5-01.jww

  CH03
  CH04
  CH05
  CH06

FIX600.jws
FIX800.jws
FIX1000.jws
キッチン流し台.jws
引違2000.jws
引違2050.jws
小便器.jws
洗面台A.jws
洗面台B.jws
片引900.jws
片開800.jws
片開1000.jws
片開1050.jws
方位.jws
立-FIX600.jws
立-引違2000.jws
立-引違FIX連.jws
立-両開2000.jws
両開2000.jws

- jww824a.exe
  Jw_cad バージョン8.24aをインストールするための自動実行型プログラム → p.26

「練習用データ」フォルダおよび「RCオリジナル図形」フォルダは、Jw_cadをインストールした「jww」フォルダ内にフォルダごとにコピーする。

本書の表記（マウスのクリック操作）

- 🖱 ：左クリック＝マウスの左ボタンを押してすぐに離す。
- 🖱(右)：右クリック＝マウスの右ボタンを押してすぐに離す。
- 🖱🖱 ：左ダブルクリック＝左クリックを素早く2回繰り返す（間を空けると2回左クリックになる）。
- 🖱🖱(右)：右ダブルクリック＝右クリックを素早く2回繰り返す（間を空けると2回右クリックになる）。

1章 建築製図の基本

1章では、建築図面の作図に必要となる基本的な知識やルールについて説明します。手描きでもCADで作図する場合でも共通に当てはまる内容になります。確実に理解して、3章から作図する「鉄筋コンクリート (RC) 造2階建事務所」の作図実習に役立ててください。

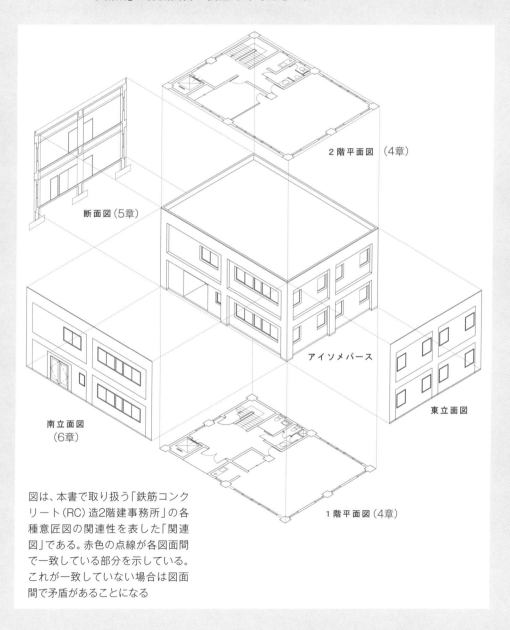

2階平面図 （4章）

断面図（5章）

アイソメパース

東立面図

南立面図
（6章）

1階平面図（4章）

図は、本書で取り扱う「鉄筋コンクリート (RC) 造2階建事務所」の各種意匠図の関連性を表した「関連図」である。赤色の点線が各図面間で一致している部分を示している。これが一致していない場合は図面間で矛盾があることになる

1.1 建築図面の概要

図面は、設計者が考えた設計の意図や内容を相手に伝えるための手段としてかかれるものです。建築図面は、その目的に応じて「意匠図」「構造図」「設備図」などに大別されます。本書では、例として、本書オリジナルの鉄筋コンクリート（RC）造の計画建物を用意し、その「意匠図」のなかでも最も基本となる「配置図」「平面図」「断面図」「立面図」の作図方法を実習します。

1.1.1 建築図面の種類

1つの建築物を建てる場合、その目的に応じていろいろな種類の図面を作成します。建築図面は「意匠図」「構造図」「設備図」に大別され、さらに細分類されます（下表は標準的な例）。本書では、オリジナルの計画建物である「鉄筋コンクリート（RC）造2階建事務所」について、「配置図」「平面図」「断面図」「立面図」を作図します。実際に作図練習するのは、「配置図」と「1階平面図」を1つにまとめた配置図兼1階平面図および2階平面図、A–A間の切断線で切って矢印方向を見た「A–A断面図」、南方向から建物を見た南立面図の3種類の図面です。

区 別	図 面 名 称	内 容
意匠図	配 置 図	建築物が建つ敷地の形状および道路や建築物の位置関係を表した図（→4章）
	平 面 図	建築物の各階の床上から1～1.5mほどの位置で水平に切断し、真上から下を見た様子を表した図（→4章）
	断 面 図	建築物を指定位置で鉛直に切断し、矢印方向に見た様子を表した図（→5章）
	立 面 図	建築物の外面を指定した方向（東西南北など）から眺めた様子を表した図（→6章）
	屋 根 伏 図	建築物を真上から見た屋根の形状を平面的に表した図
	矩 計 図	「かなばかりず」と読む。建築物を指定位置で鉛直に切断し、切断方向を詳細に表した図
	部 分 詳 細 図	特定の部分を詳細に表した図
	天 井 伏 図	建築物の各階天井を下から見上げた状態を表した図
	展 開 図	建築物の各部屋の中央に立ち、四方の壁面を見た状態を表した図
	透 視 図	「パース」ともいう。建築物の外観や室内を遠近法により立体的に表した図
	建 具 表	建具の形状、寸法、材質などかいた図を表にまとめたもの
	仕 上 表	建築物の内外部の仕上げ方法や材料を表にまとめたもの
	面 積 表	敷地や建築物の各階、各室の面積を、求積を含めまとめたもの
構造図	基 礎 伏 図	建築物の基礎形状や配置を平面的に表した図
	床 伏 図	建築物の床に使われている構造部材の形状や配置を平面的に表した図
	小 屋 伏 図	建築物の小屋組に使われている構造部材の形状や配置を平面的に表した図
	軸 組 図	建築物の各壁（通り）ごとに構造部材の形状や配置を立面的に表した図
設置図	電 気 設 備 図	建築物の電気設備に必要な器具や装置などの位置、配線などを表した図
	給 排 水 設 備 図	建築物の給排水設備に必要な器具や装置などの位置、配管などを表した図
	空 調 設 備 図	建築物の空気調整設備に必要な器具や装置などの位置、配管などを表した図
	ガ ス 設 備 図	建築物のガス設備に必要な器具や装置などの位置、配管などを表した図

建築図面の種類

1.1.2 本書で作図する図面

次ページの図は、本書で作図する「鉄筋コンクリート（RC）造2階建事務所」の各図面を配置した完成図例です。

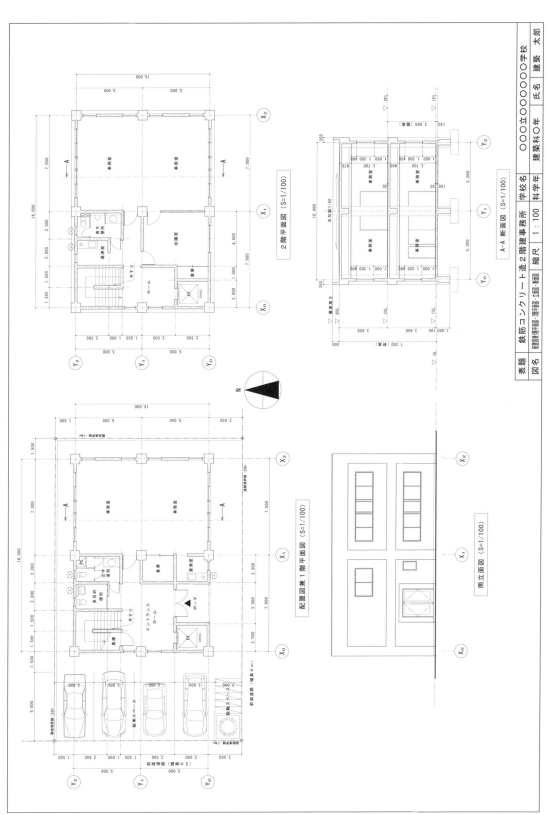

本書で作図する「鉄筋コンクリート(RC)造2階建事務所」の完成図例

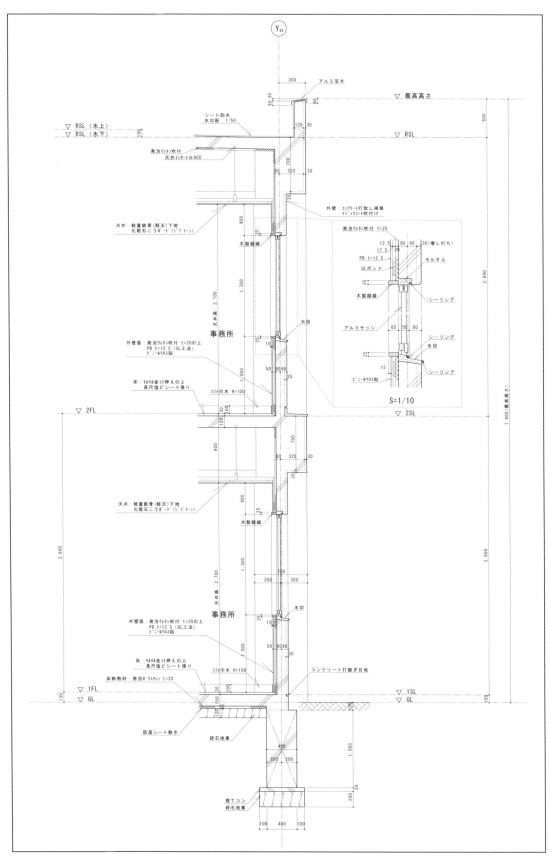

本書で作図する「鉄筋コンクリート（RC）造2階建事務所」の断面詳細を示す矩計図例（本書では作図しない参考図面）

1.1.3 各種図面の関連性

前項で示した建築図面は、それぞれその内容は違っていても、まったく別のものではなく、相互に深い関連性があります。4章以降では、まず「（配置図兼）1階平面図」をかき、それをもとに「2階平面図」をかき、さらにその2つの図面をもとに「断面図」および「立面図」を順にかいていきます。そうすることによって、建物の「高さ」や「位置」の関係を正確に関連付けることが可能になります。下図は、本書で作図する「鉄筋コンクリート（RC）造2階建事務所」の平面図を中心に、各図を関連付けて配置することで、「平面図」「断面図」「立面図」の関係がわかるようにしたものです。赤色の線部分が各図面間で一致している部分を示しています。これが一致していないと、図面間で矛盾があることになるので、非常に重要です。

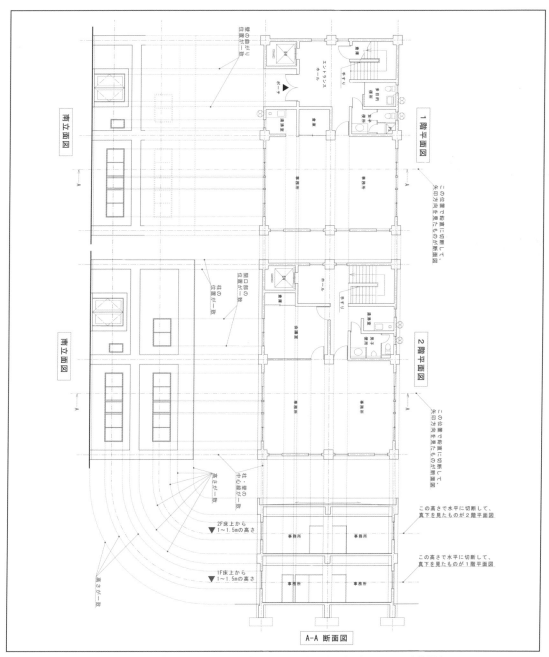

本書で作図する「鉄筋コンクリート（RC）造2階建事務所」の各図面の関連性概念図

1.1.4 立面図の見え方

鉄筋コンクリート（RC）造の場合、柱と梁と壁の取り合いの違いにより、内観の見え方や空間の広さが変わったり、外観の見え方も変わります。特に、立面図の見え方が変わるので、ここで紹介します。

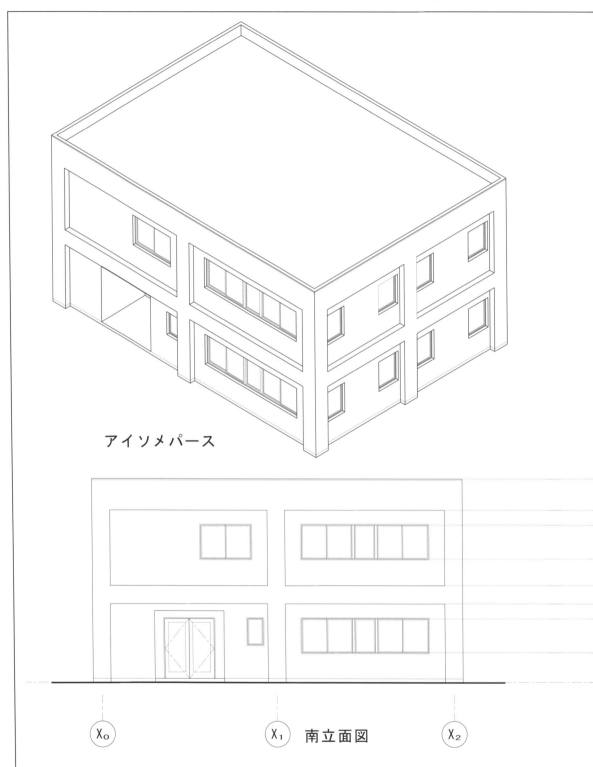

アイソメパース

南立面図

①柱面と梁面を外面で一致させ、壁芯は柱芯と一致させた場合（本書で作図する図面のケース）

- 柱と梁が外面で一致しているのでつながって見える。
- 柱と梁が強調されたデザインとなる。

立面図の見え方　ケース①

2階平面図

最高高さが一致

梁の位置が一致

開口部の位置が一致

Y_0　　Y_1　A-A 断面図　Y_2

②柱芯と梁芯と壁芯をすべて一致させた場合
- 柱、梁、壁の厚さが違い、すべてに段差が生じるため、それぞれの段差の線が見える。
- 凹凸があり、変化のあるデザインとなる。

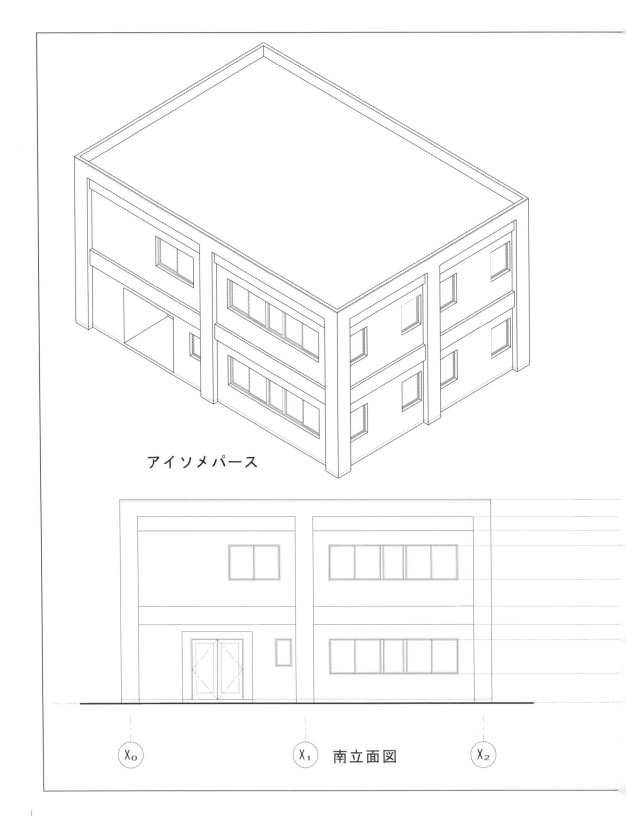

アイソメパース

南立面図

立面図の見え方　ケース②

2階平面図

最高高さが一致

梁の位置が一致

開口部の位置が一致

梁の位置　梁の位置　梁の位置　梁の位置

事務所　事務所　事務所　事務所

会議室　ホール　EV　倉庫　手すり　湯沸室　男子便所

事務所　事務所

Y_0　Y_1　A-A 断面図　Y_2

1章 建築製図の基本

③梁面と壁面を外面で一致させ、壁芯は柱芯と一致させた場合

- 梁と壁が外面で一致するため、梁の位置がわからなくなる。
- 梁が内部に入り込むため、エレベータや階段などの障害となる。
- 柱が強調されたデザインとなる。

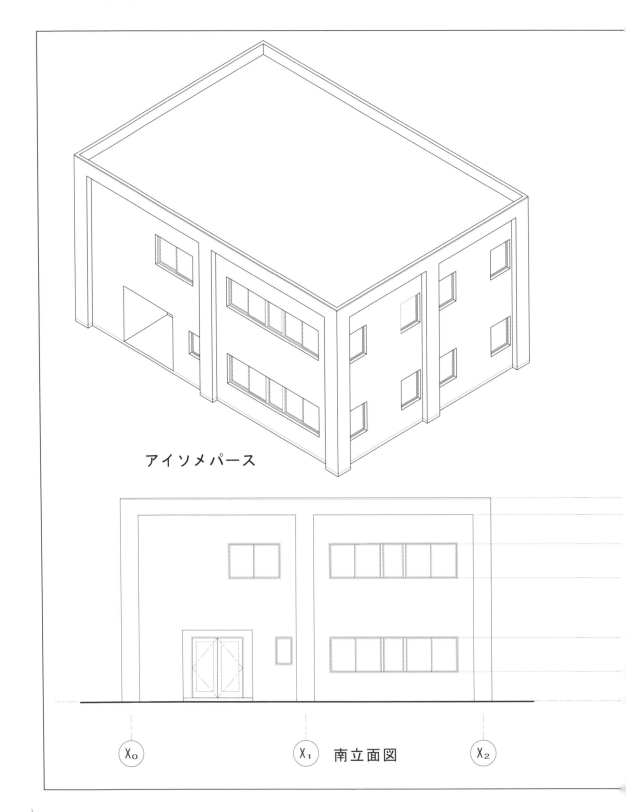

アイソメパース

南立面図

X_0　　X_1　　X_2

立面図の見え方　ケース③

EV

ホール

倉庫

手すり

会議室

湯沸室

男子便所

事務所

事務所

梁の位置　梁の位置　梁の位置　梁の位置

２階平面図

最高高さが一致

事務所

事務所

開口部の位置が一致

事務所

事務所

Y_0　Y_1　**A-A 断面図**　Y_2

④柱面と梁面と壁面をすべて外面で一致させ、柱芯のみ動かさなかった場合

- 柱、梁、壁すべての位置がわからなくなる。
- 壁が外部に移動するため、内部空間が広くなる。
- 凹凸がなく、すっきりとしたデザインとなる。

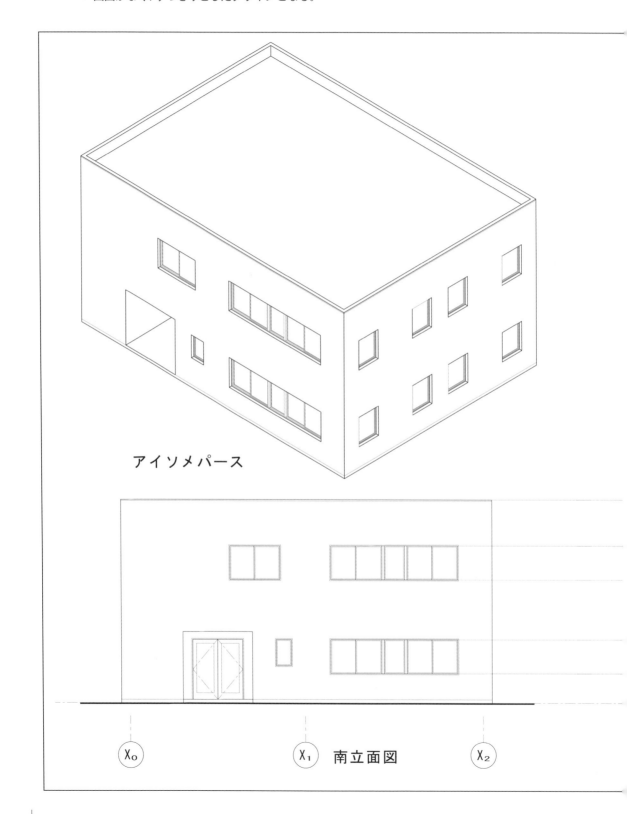

アイソメパース

南立面図

X₀ X₁ X₂

立面図の見え方　ケース④

EV

ホール

倉庫

手すり

湯沸室

男子便所

会議室

事務所

事務所

梁の位置　梁の位置　梁の位置　梁の位置

A

A

2階平面図

最高高さが一致

事務所　事務所

開口部の位置が一致

事務所　事務所

Y₀　Y₁　**A-A 断面図**　Y₂

1.1.5 立体図（アイソメパース）と断面図の関係

本書で作図する図面の立体図（アイソメパース）と断面図の関係を下図に示しておきます。

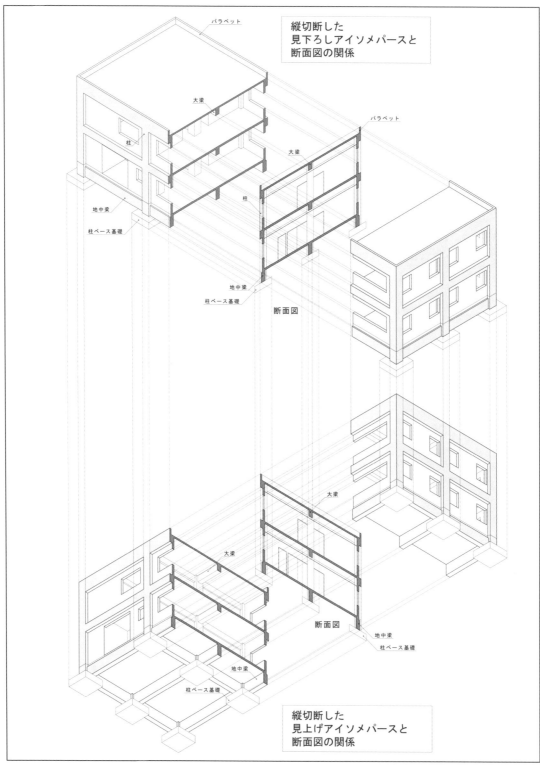

立体図（アイソメパース）と断面図の関係概念図

1.2 建築製図の基礎知識

ここでは、これから建築図面を製図するうえで、最低限知っておく必要がある項目について説明します。建築製図では、規格の標準化を進めるため、JIS（日本工業規格）が定めた「製図総則」（JIS Z8310）や建築製図通則（JIS A 0150）の製図規約を正しく理解し、誤りのない図面をかくことが大切です。

1.2.1 用紙サイズ

建築製図は、一般的に、JIS（日本工業規格）で定められているA規格（系列）の用紙サイズに作図します。なかでも建築でよく用いられるのは、A系列の「A1」「A2」「A3」判の用紙サイズです。

規格名称	用紙サイズ（寸法：横mm × 縦mm）
A 0	841 × 1,189
A 1	594 × 841
A 2	420 × 594
A 3	297 × 420
A 4	210 × 297

建築製図に使うA規格の用紙サイズ

A規格（系列）の用紙の縦横比は1:$\sqrt{2}$の関係にあり、面積比で、A0の1/2がA1、A1の1/2がA2、A2の1/2がA3、A3の1/2がA4となっています。A0が面積1m^{2}で他のサイズの基準になっています。

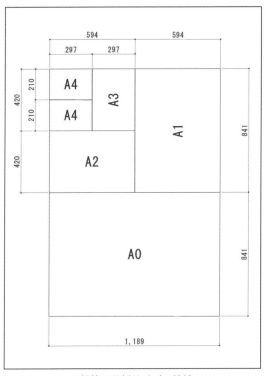

A規格の用紙サイズの関係

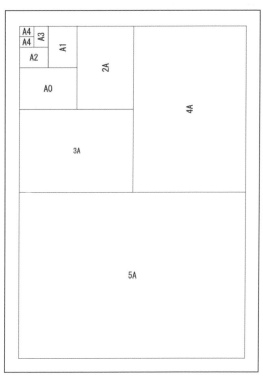

Jw_cadで設定可能な用紙サイズ（一部）

> **information** Jw_cadでの用紙設定については3章で解説します（→p.35）。

1.2.2 線

建築製図に使う線は、下表のようにかき分けるのが一般的です。

線の太さ	太さの比	線の種類	実　例	用　途
細　線	1	実　線	———————	姿線、寸法線、引出線など
		点　線	- - - - - - -	隠線、想像線など
		一点鎖線	—·—·—·—·—	通り芯(壁・柱の中心線)、基準線など
		二点鎖線	—··—··—··	切断線など
太　線	2	実　線	———————	外形線、輪郭線など
極太線	4	実　線	———————	断面線、輪郭線など
		一点鎖線	—·—·—·—	隣地境界線、道路境界線など
超極太線	8	実　線	———————	基準地盤線<GL>(グランドライン)、図面枠など
極細線	1	実　線	………………	目安線、下描線、補助線など

建築製図に使う線の例

① 用途に応じて「太さ」と「種類」を使い分け、メリハリの利いた表現にする必要があります。

② 線の太さは、細い順から、「細線」「太線」「極太線」「超極太線」があります。「極細線」は、下描き時の線として用い、線の交差部などがわかるようにするのが目的で、CADでは印刷(出力)しません。

③ 線の種類は、「実線」「点線」「一点鎖線」「二点鎖線」などがあります。

information Jw_cadでの線の設定については3章で解説し、4章以降の各項目でも線の設定を行います。

1.2.3 文字

建築製図に使う文字は、下図のようにかき分けるのが一般的です。

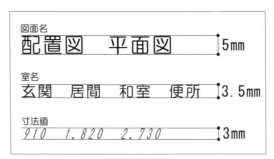

建築製図に使う文字の例

① 製図に用いる文字は、「漢字」「ひらがな」「カタカナ」「数字」「英字」「記号」などがあります。

② 文字の大きさは、2〜3種類くらいに統一します。

1.2.4 尺度

建築物を作図表現する場合、かく図面に応じて尺度を決めます。建築製図に使う主な尺度は下表のとおりです。

尺　度	図　面
1：1、1：2	原寸詳細図、納まり図など
1：5、1：10、1：20、1：30	矩計（かなばかり）図、部分詳細図など
1：50、1：100、1：200	平面図、断面図、立面図などの意匠図、構造図、設備図など
1：500、1：1000以上	大規模な土地の敷地図、配置図など

建築製図に使う尺度の例

① 実物と同じ大きさのものを「原寸」または「現尺」といい、「S＝1：1」「S＝1/1」のように表します。

② 通常は実物よりも小さく表現するので、この場合「縮尺」といい、「S＝1：100」「S＝1/100」（100分の1）のように表します。

③ 「S＝1：○」「S＝1/○」において、○の整数値が小さいほど特定の部分を詳細に表現することができ、○の整数値が大きいほど広い範囲まで表現することができます。

④ 図面は尺度によって、その表現方法が変わります。その一例として、鉄筋コンクリート（RC）造建築の壁における1：100（1/100）と1：50（1/50）の尺度による作図表現の違いを下表に示します。これからわかるとおり、1：100よりも1：50の方が図面は大きくなるため、より詳細に表現できます。

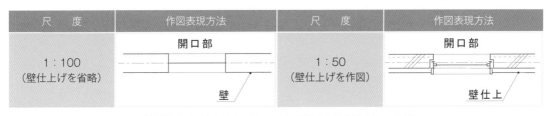

尺　度	作図表現方法	尺　度	作図表現方法
1：100 （壁仕上げを省略）	開口部　壁	1：50 （壁仕上げを作図）	開口部　壁仕上

建築製図における尺度の違いによる作図表現方法の違いの例

1.2.5 寸法

建築製図では、寸法を下図のように「寸法線」「寸法補助線」「端末記号」「寸法値」で構成します。

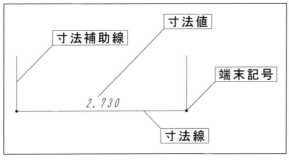

建築製図における寸法の表示例

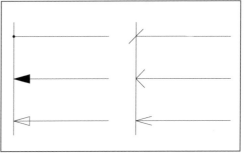

建築製図における寸法線の端末記号の表示例

① 寸法値の単位は、原則としてミリメートル（mm）とし、単位記号は付けません。ミリメートル以外の単位を使う場合のみ、末尾に単位記号を付けます。

② 端末記号は、右上図のように表します。

③ 寸法線と寸法補助線は、細線の実線で表します。寸法補助線は省略する場合があります。

1.2.6 組立基準線と基準記号

建築製図では、組立基準線（一般には単に「基準線」と呼ぶ）と基準記号を下図のように表します。

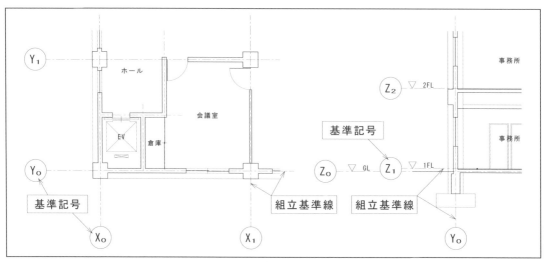

組立基準線の例

① 組立基準線は、平面方向では「通り芯」と呼ばれ、通常は主要な柱、壁の「中心線」とします。また、高さ方向では、基準地盤線＜GL＞（グランドライン）、各階床高線（床仕上面）＜FL＞（フロアライン）、屋根の構造を支える水平材（木造の場合：軒桁）の上端を基準とします。

② 基準記号は上図のように表示します。平面方向は「X_0、X_1 … X_n」「Y_0、Y_1 … Y_n」で、高さ方向は「Z_0、Z_1 … Z_n」で表します。ここでは、「Z_0」が基準地盤線（GL）、「Z_1」が1階床高線（1FL）…、「Z_n」が水平材の上端を表すことになります。

③ 今回の課題は、鉄筋コンクリート（RC）造のラーメン構造（→p.58）で、柱が均等に配置されているので、柱の中心線を組立基準線にして基準記号を決めています。なお、高さの基準記号は、鉄筋コンクリート（RC）造の場合、省略することが多く、本書でも省略しています。

1.2.7 勾配と角度

建築製図では、勾配や角度を下図のように表します。

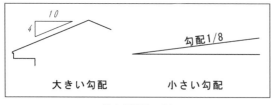

組立基準線の例

組立基準線の例

① 建築物の部位で傾斜しているのは主に「屋根」と「スロープ」です。これらの傾きは「勾配」といい、「垂直長さ/水平長さ」で表します。

② 木造の屋根のように比較的傾斜が大きい場合は水平長さを「10」とし、「3/10」「4/10」のように表します。

③ 鉄筋コンクリート（RC）造などの屋根のように比較的傾斜が小さい場合は垂直長さを「1」とし、「1/50」「1/100」のように表します。

④ 敷地形状や建築物の平面形が直角でない場合は、「75°」「120°」のように度数法で表す場合があります。

2章 Jw_cadの準備

本書で使用する「Jw_cad」を、Windowsパソコンにインストールし、起動や終了の方法、画面構成を覚えましょう。そして、本書での作図に合わせるための基本的な設定を行います。

本書での設定におけるJw_cadの起動時画面例

2.1 Jw_cadのインストール、起動、画面構成

付録CDに収録したJw_cad（本書執筆時点での最新バージョン8.24a）をWindowsパソコンにインストールします。また、Jw_cadの起動方法、本書での画面構成例および各部名称を紹介します。なお、Jw_cad作者のWebページ（http://www.jwcad.net/）から最新バージョンのJw_cadをダウンロードできます。

2.1.1 Jw_cadのインストール

付録CDに収録したJw_cadバージョン8.24aを、Jw_cadのインストールプログラムに従って、既定位置である「C:」ドライブの「jww」フォルダにインストールします。

1 付録CDをパソコンのDVD/CDドライブにセットする。Windows付属のエクスプローラーが起動して、デスクトップにウィンドウが開く。

2 「jww824a」アイコンを🖱️🖱️（左ダブルクリック）して実行する。

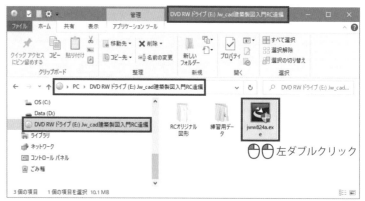

ドライブ名の表示は使用するパソコンによって異なる

3 「Jw_cad用のInstallShieldウィザードへようこそ」ダイアログが開くので、「次へ」ボタンを🖱️する。

4 ダイアログが切り替わるの
で、使用許諾契約書をよく読み、
同意したら「使用許諾契約の条項
に同意します」を🖱して黒丸を付
ける（◉の状態にする）。

5 「次へ」ボタンを🖱する。

6 ダイアログが切り替わるの
で、「Jw cadのインストール先：
C：¥JWW¥」の表示を確認した
ら、「次へ」ボタンを🖱する。

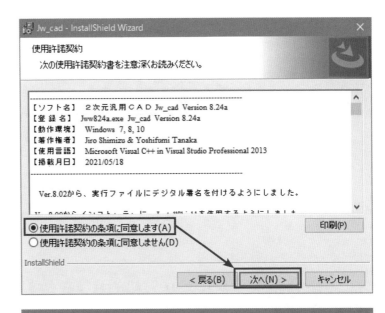

7 ダイアログが切り替わるの
で、「現在の設定」の「インストー
ル先フォルダ：C：¥JWW¥」の
表示を確認したら、「インストー
ル」ボタンを🖱してインストール
する。

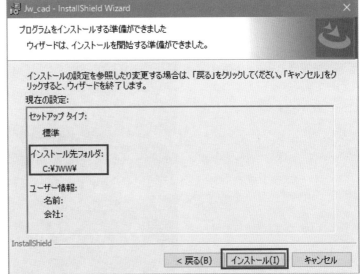

8 完了するとダイアログが切り
替わるので、「完了」ボタンを🖱す
る。

9 「C：」ドライブに「jww」フォ
ルダがインストールされたこと
を確認する。

「C：」ドライブという名称は、パソ
コン機種やWindowsバージョンに
よって異なります。

2.1.2 起動用ショートカットアイコンを作り、Jw_cadを起動

インストールしたJw_cadを起動する方法にはいくつかありますが、デスクトップに起動用ショートカット
アイコンを作っておくと便利です。

1 画面左下隅のスタートボタン
を🖱️して開くスタートメニュー
に「jw_cad」があるので、これを
🖱️（右）する。

スタートメニューの「Jw_cad」を
🖱️すると、Jw_cadが起動します。
なお、Windows 10以前のバー
ジョンではスタートメニューに
「Jw_cad」が表示されない場合
は、スタートメニューの「すべての
アプリ」（すべてのプログラム）を🖱️
し、開くメニューの「Jw_cad」（フ
ォルダ）を🖱️すれば表示されます。

2 メニューが開くので、「その他」
を🖱️し（マウスポインタを合わせ
ても可）、さらに開くメニューで
「ファイルの場所を開く」を🖱️す
る。

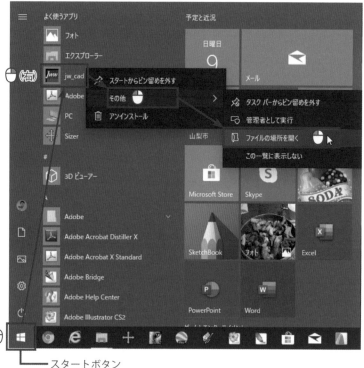

スタートボタン

3「Jw_cad」ウィンドウが開くので、「jw_cad」アイコンを🖱（右）し、開くメニューの「送る」を🖱し（マウスポインタを合わせるだけでもよい）、さらに開くメニューの「デスクトップ（ショートカットを作成）」を🖱する。

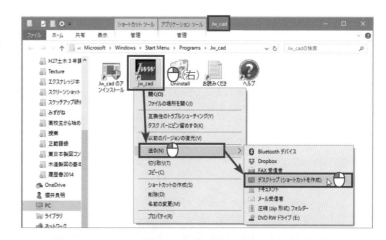

4 デスクトップにJw_cad起動用のショートカットアイコンが作られたことを確認し、🖱🖱する。

5 Jw_cadが起動して、新規の図面ファイル「無題」（「無題.jww」）が開く。

「- jw_win」はJw_cadの図面ファイルを示している

6「Jw_cad」ウィンドウはもう使わないので、右上隅の ✕ （閉じる）ボタンを🖱して、「Jw_cad」ウィンドウを閉じる。

2章 Jw_cadの準備

2.1.3 付録CDのデータを「jww」フォルダにコピー

ここでは、3章以降で使用するサンプルデータとして付録CDに収録した各種データを、2.1.1でJw_cadをインストールした「jww」フォルダにコピーします。

付録CDに収録されている2つのフォルダ（図で赤く囲んだフォルダ）を、順次、「jww」フォルダの中にフォルダごとコピーします（サンプルデータの内容はp.6に示しています）。

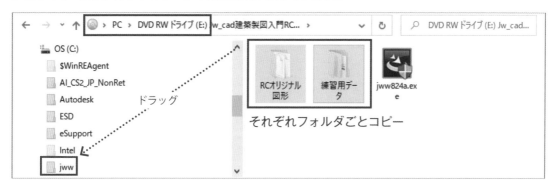

ドラッグ

それぞれフォルダごとコピー

2.1.4 ツールバーの追加、Jw_cadの終了（図面ファイルを閉じる）

本書の内容に沿って作図するために、ツールバーを1つ追加表示します。必須条件ではありませんが、追加表示しないと、いくつかのコマンドの選択が面倒になります。最後に、Jw_cadを終了します。

1 Jw_cadを起動し、メニューバー「表示」を🖱し、開くメニューから「Direct2D（2）」コマンドを🖱してチェックを外す。

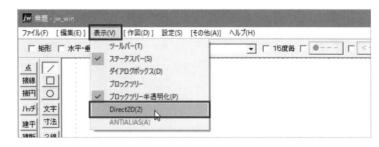

2 再度メニューバー「表示」を🖱し、「Direct2D（2）」コマンドのチェックが外れていることを確認し、「ツールバー」コマンドを🖱する。

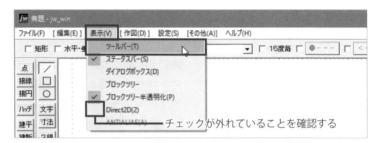

チェックが外れていることを確認する

3 「ツールバーの表示」ダイアログが開くので、「初期状態に戻す」を🖱してチェックを付ける。

4 「ユーザー（1）」を🖱してチェックを付ける。

5 「OK」ボタンを🖱する。

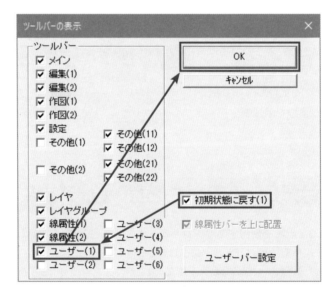

6 作図ウィンドウに「ユーザー（1）」ツールバーが追加表示されたことを確認する。

以上で、作図ウィンドウに「ユーザー（1）」ツールバーが表示されます。

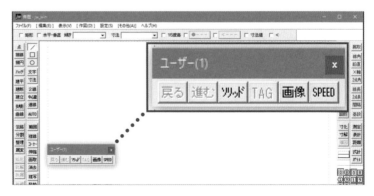

このままでは、このツールバーが作図の邪魔になるので、コントロールバー右端部の空きスペースに移動します。

7 「ユーザー(1)」ツールバーのタイトルバー部でマウスの左ボタンを押し、そのまま移動(左ボタンのドラッグ)して、図の位置付近でボタンをはなす。

> ツールバーの変更や初期化は自由にできます。「ユーザー(1)」ツールバーには本書の作図でよく使う「ソリッド」コマンドがあり便利です。

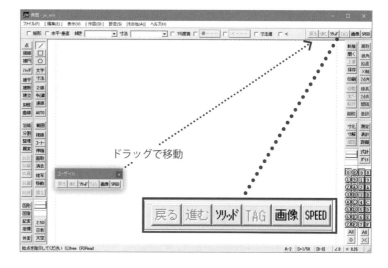

ドラッグで移動

以上で、ツールバーの追加表示設定は完了です。本書に掲載した画面のツールバーはこの状態になっています。下図に、これまで設定したJw_cadの画面構成例を示します。

タイトルバー:図面ファイルの名前

メニューバー:全コマンドを7メニューに分類配置

閉じるボタン:図面ファイルを閉じ、Jw_cadを終了

コントロールバー:実行中コマンドの詳細機能設定

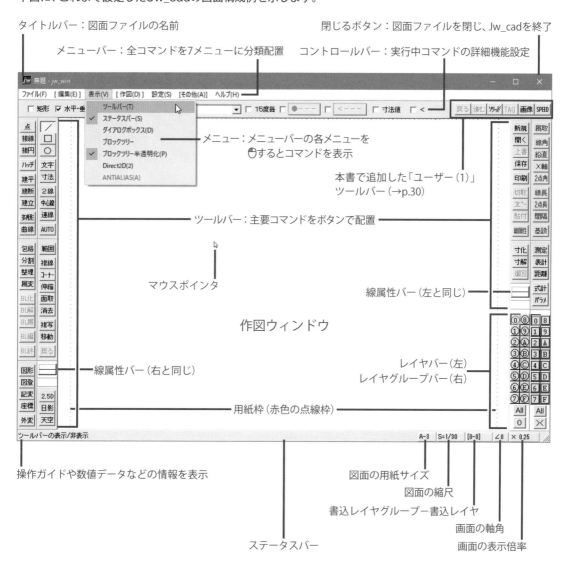

メニュー:メニューバーの各メニューを🖱するとコマンドを表示

本書で追加した「ユーザー(1)」ツールバー(→p.30)

ツールバー:主要コマンドをボタンで配置

マウスポインタ

線属性バー(左と同じ)

作図ウィンドウ

線属性バー(右と同じ)

レイヤバー(左)
レイヤグループバー(右)

用紙枠(赤色の点線枠)

操作ガイドや数値データなどの情報を表示

図面の用紙サイズ

図面の縮尺

書込レイヤグループ-書込レイヤ

画面の軸角

画面の表示倍率

ステータスバー

送付先 FAX 番号：03-3403-0582　　e-mail アドレス：info@xknowledge.co.jp

FAX 質問シート

高校生から始めるJw_cad 建築製図入門［RC 造編］（Jw_cad8 対応版）

以下を必ずお読みになり、ご了承いただいた場合のみご質問をお送りください。

● 「本書の手順通り操作したが記載されているような結果にならない」といった本書記事に直接関係のある質問のみご回答
いたします。「このようなことがしたい」「このようなときはどうすればよいか」など特定のユーザー向けの操作方法や
問題解決方法については受け付けておりません。

● 本質問シートで FAX または e-mail にてお送りいただいた質問のみ受け付けております。お電話による質問はお受けでき
ません。

● 本質問シートはコピーしてお使いください。また、必要事項に記入漏れがある場合はご回答できない場合がございます。

● ご質問の内容によってはご回答できない場合や日数を要する場合がございます。

● e-mail で送信する場合は、書誌名と必要事項を必ずお書きください。

● パソコンや OS そのもの、ご使用の機器や環境についての操作方法・トラブルなどの質問は受け付けておりません。

ふりがな

氏名　　　　　　　　　　　　　　　　　　　　　　年齢　　　歳　　　性別　男 ・ 女

回答送付先　　　　　　　（ FAX 番号または e-mail アドレスのいずれかをご記入ください。送付先ははっきりとわかりやすくご記入ください。
　　　　　　　　　　　　　判読できない場合はご回答いたしかねます。なお、電話による回答はいたしておりません ）

FAX 番号：

e-mail アドレス：

ご質問の内容　　　　　（ 例：146 ページの手順 4 までは操作できるが、手順 5 の結果が別紙画面のようになって解決しない ）

【 本書　　　　ページ　〜　　　　ページ 】

ご使用のパソコンの環境　　（ パソコンのメーカー名・機種名、OS の種類とバージョン、メモリ量、ハードディスク容量など質問内容によって
は必要ありませんが、環境に影響される質問内容で記入されていない場合はご回答できません ）

3章 製図の準備

3章では、用紙サイズ、作図データをかき分けるレイヤ、縮尺、線属性（線色＝線の太さ、線種＝線の種類）、図面枠と表題欄の作図について説明します。ここでの設定も図面ファイルに保存されるので3章の最後で保存して、4章以降での作図に使う図面ファイルのベースにします。

表題	鉄筋コンクリート造 2 階建事務所	学校名	〇〇〇立〇〇〇〇〇〇学校		
図名	配置図兼1階平面図・2階平面図・立面図・断面図	縮尺	1：100	科学年	建築科〇年	氏名	建築 太郎

表題	鉄筋コンクリート造 2 階建事務所	学校名	〇〇〇立〇〇〇〇〇〇学校		
図名	配置図兼1階平面図・2階平面図・立面図・断面図	縮尺	1：100	科学年	建築科〇年	氏名	建築 太郎

本書での建築製図に使う図面枠と表題欄の完成図例

3.1 用紙サイズの設定と基本設定の確認

用紙サイズについては、p.21「1.2.1 用紙サイズ」で、すでに説明しています。ここでは4章以降に製図する「鉄筋コンクリート（RC）造2階建事務所」の図面の用紙サイズ「A2判」に設定する方法を説明します。なお、図面を出力するプリンタやプロッタなどの機種によっては使用できる用紙サイズに制限があるので、印刷（出力）に際しては必ず事前に確認してください。

3.1.1 用紙サイズをA2判に設定

ここでは、付録CDに収録してある練習用データ「課題.jww」をハードディスクにコピーし（→p.6、p.29）、それを開いて利用します。

1 Jw_cadを起動したら、メニューバー「ファイル」を🖱し、表示されるメニューから「開く」（またはツールバー「開く」）を🖱する。

2 表示される「ファイル選択」ウィンドウで、左側のフォルダツリー部で、開く図面ファイルが保存されているフォルダ（ここでは「C」ドライブ→「jww」フォルダ→「練習用データ」フォルダ→「CH03」フォルダ）を🖱する。

3 右側のファイルサムネイル一覧部で、開く図面ファイル（ここでは「課題」）を🖱🖱する。

以上で、Jw_cadを使う準備が整いました。

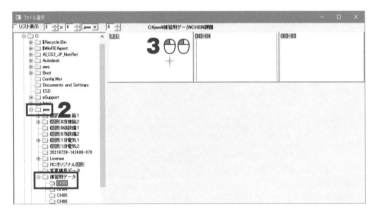

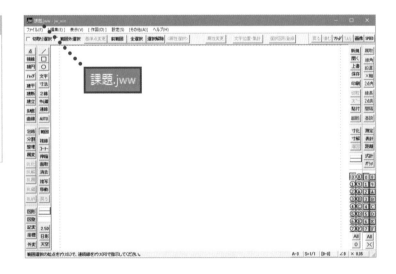

information

Jw_cadは、同時に1つの図面ファイルしか開いておくことができません。2つ以上の図面ファイルをディスプレイ上に同時に開いておきたい場合は、図面ファイルの数だけJw_cadを起動します。他のWindowsソフトと違って、Jw_cadは同時に複数起動しておくことができます。これもJw_cadの大きな特徴です。

4 ステータスバー右部にある用紙サイズボタンを🖱し、表示されるメニューから「A-2」を🖱で選択し、この図面ファイルの用紙サイズをA2判に設定（変更）する（置き方は自動的に横置きになる）。

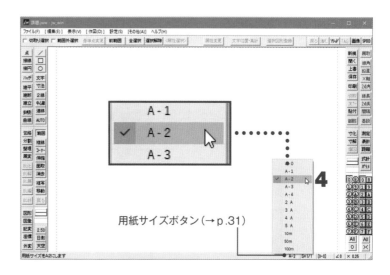

用紙サイズボタン（→ p.31）

5 用紙サイズボタンが「A-2」になっていることを確認する。

6 赤色の点線の用紙枠（設定した用紙サイズの範囲を表す長方形枠）があることを確認する。

以上で、用紙サイズの設定は完了です。

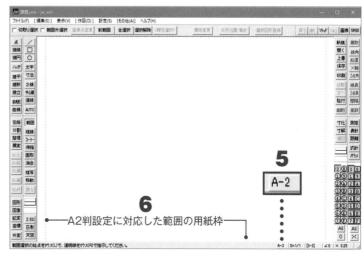

A2判設定に対応した範囲の用紙枠

3 章
製図の準備

3.1.2 基本設定を確認

Jw_cadでは、画面表示方法や操作環境を図面ファイルごとに設定・保存できます。設定は「基本設定」コマンドを実行すると表示される「jw_win」ダイアログなどで行います。ここでは、「課題.jww」であらかじめ設定されていた「基本設定」の内容を確認します。

1 メニューバー「設定」を🖱する。

2 表示されるメニューから「基本設定」を🖱する。

information

ツールバーのボタン「基設」を🖱しても同じです。

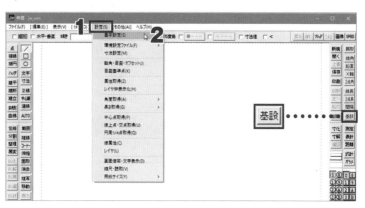

「jw_win」ダイアログが表示されるので、以下のように順次、設定します。

3「一般（1）」タブでは、以下の項目（チェックボックス）を🖱️してチェックを付ける（他は初期設定のまま変更しない）。

> 「消去部分を再表示する」
> 「ファイル読込項目」の3項目
> 「用紙枠を表示する」
> 「新規ファイルのとき…」

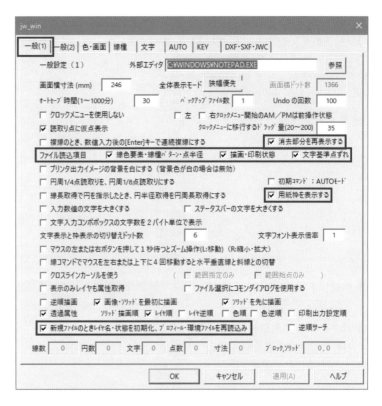

4「一般（2）」タブでは、以下の項目（チェックボックス）を🖱️してチェックを付ける（他は初期設定のまま変更しない）。

> 「矢印キーで画面移動、…」
> 「マウスホイール」欄の「＋」

information

「マウスホイール」欄の「＋」にチェックを付けると、マウスホイールの後方（手前）回転で画面拡大、前方（奥）回転で画面縮小になります（「−」にチェックを付けると逆）。また、この設定にかかわらず、マウスホイールを押すと、押した位置が作図ウィンドウの中心になるように画面が移動します（→p.56）。

information

「jw_win」ダイアログで設定した内容は、設定時に開いている図面ファイルに保存されます。したがって、図面ファイルを閉じたりJw_cadを終了しても、次回開いた時でも設定が保持されていて有効です。
なお、環境設定ファイル（.jwf）を利用した高度な環境設定方法も用意されています。本書では扱いません。

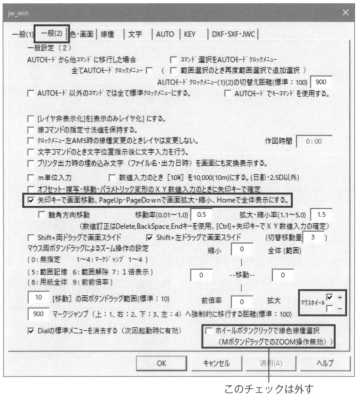

このチェックは外す

3.2 線属性の設定

建築製図では線の太さと種類を用途で使い分けますが、CAD画面上で線の太さに明確な差を出すと、近い線どうしがくっつき見づらくなります。そこでJw_cadでは、線の太さを線の色で区別するようにしています。線の太さと色を対応させることで、画面上で色分けした線が、紙に印刷すると設定した太さに置き換えられます。なお、線の色を「線色」、線の種類を「線種」、まとめて「線属性」と呼びます。

製図のポイント

【 本書で使用する線属性 】

① Jw_cadで標準で扱える線色は線色1～8および補助線色の合計9種類です。線種は実線～補助線種の9種類、ランダム線が5種類、倍長線種が4種類の合計18種類です。

② 手描き製図の場合、①の他に、細線よりさらに細い極細線を使用します。極細線は下描きに使う極めて薄い線で、製図の目安線(ガイド線)にします。Jw_cadでは、図面を印刷しても印刷されない補助線色、補助線種がそれに該当します。4章以降の作図で使用する線色と線種は下表のとおりで、この表にない線色と線種は使用しないので、ここでは、この表に合わせて線色と線種を設定します。

線　　色	太さの位置づけ	太さの比	線　　種	実　　例	用　　途
線　色1	細　　線	1	実　　線		姿線、寸法線、引出線
			点　線1		隠線、想像線
			一点鎖1		通り芯(壁・柱の中心線)、基準線
			二点鎖2		切断線
線　色2	太　　線	2	実　　線		外形線、輪郭線
線　色3	極 太 線	4	実　　線		断面線、輪郭線
			一点鎖1		隣地境界線、道路境界線
線　色5	超極太線	8	実　　線		基準地盤線＜GL＞、図面枠
補助線色	極 細 線	―	補助線種		目安線、下描線、補助線

本書の製図で使用する線色(線の太さ)と線種(線の種類)の対応

3.2.1 線色と印刷時の線の太さとの対応を設定

図面を印刷した時の線の太さを決めるため、線色と線の太さの対応を設定します。

1 ツールバー「基設」(メニューバー「設定」→「基本設定」)を🖰する。

2 表示される「jw_win」ダイアログの「色・画面」タブを🖱️する。

3 ここでは本書で使用する線色だけを設定するので、「プリンタ出力 要素」欄の「線色1」「線色2」「線色3」「線色5」の「線幅」を図のように半角数字でキーボードから入力する。

4 「dpi切替」を🖱️し、「線幅」を「300dpi」から「600dpi」に変更し、「OK」を🖱️する。

5 以下の項目(チェックボックス)を🖱️してチェックを付ける(他は初期設定のまま変更しない)。

「実点を指定半径(mm)で…」

以上で、線色と線の太さの対応の設定は完了です。

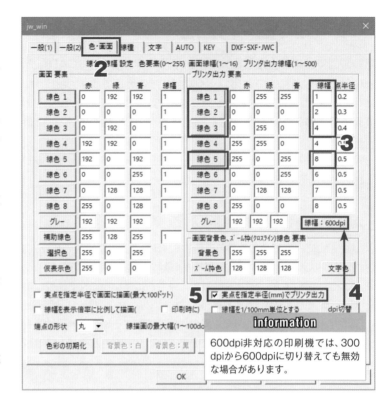

3.2.2 これから作図する線の線属性を設定

線の線色と線種を「書込線の線属性」と呼びます。本書では、線色は前項で設定した4種類「線色1」「線色2」「線色3」「線色5」と「補助線色」を使用し、線種は前項の表に示した用途で使い分けます。

1 線属性ボタン(左右どちらでも可)を🖱️して「線属性」ダイアログを表示する。

2 「線色1(水色)」と「点線1」を🖱️する。

3 「Ok」を🖱️する。

4 線属性ボタンの表示が、**2**で設定した線属性に変わっていることを確認する。

以上で線属性の設定は完了です。

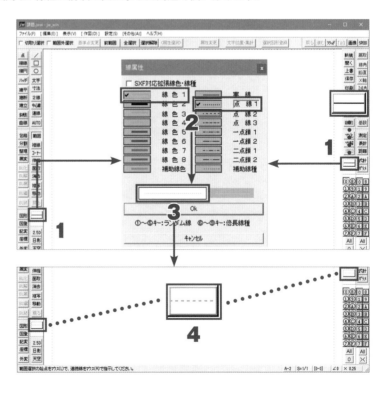

3.3 レイヤと縮尺の設定

「レイヤ」(Layer) とは「層」の意味です。CADでは「画層」となります。CADによる建築製図では、1つの図面の各要素を一定のルールに基づいてレイヤ分けし、作図し分けます。複数の透明なシートに図面の各要素を作図し分けて、それを何層にも重ねて1枚の図面に見立てるイメージです。レイヤ分けは必須ではありませんが、作図に慣れてくるとレイヤ分けの重要性がわかります。Jw_cadには「レイヤ」と「レイヤグループ」という2種類の機能があり、16のレイヤグループがそれぞれ16のレイヤをもっているので、合計256のレイヤに図面の各要素を分類作図することができます。レイヤ分けにより、図面の作図や編集時には必要な要素だけを作図対象にでき、作業効率が大きく向上します。なお、縮尺については1章で説明したとおりです。作図時には必ず設定します。

製図のポイント

① CADでいうレイヤとは、上記のとおり、作図や編集の作業をわかりやすくかつ効率化するための仕組みです。以下にJw_cadのレイヤ構成を示します。

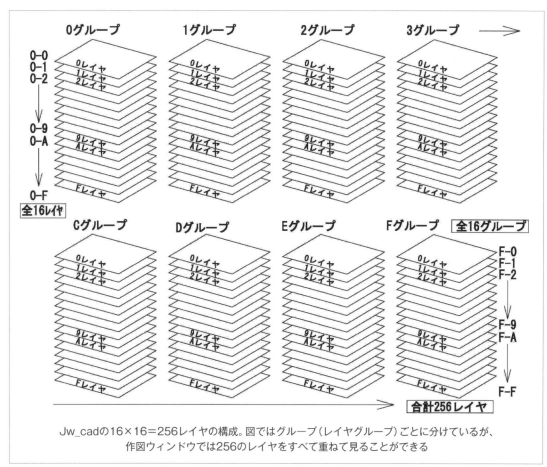

Jw_cadの16×16＝256レイヤの構成。図ではグループ（レイヤグループ）ごとに分けているが、作図ウィンドウでは256のレイヤをすべて重ねて見ることができる

Jw_cadのレイヤ機能の概念図

② 1つの建築物であっても、作図する図面の種類によって縮尺（尺度）を変える必要があります。Jw_cadの場合、レイヤグループごとに図面の縮尺を変えることが可能です（これがレイヤグループの存在意義です）。

3.3.1 本書図面のレイヤと縮尺の構成

これから作図する建築図面を管理しやすいようレイヤグループごとに仕分けを済ませておきます。本書で作図する各図面のレイヤグループおよびレイヤの名前と縮尺の構成は下表のとおりに設定します。この表に従って、p.42以降の手順でレイヤグループおよびレイヤの名前を入力していきます。

章	図面名	縮尺	レイヤグループ	レイヤグループ名	レイヤ	レイヤ名
4	配置図・平面図	1/100	0	平面図	0	基準線
					1	柱・壁・階段
					2	開口部
					3	設備
					4	敷地
					5	室名・寸法他
5	断面図	1/100	1	断面図	0	基準線
					1	断面線・姿線
					2	室名・寸法他
6	立面図	1/100	2	立面図	0	基準線
					1	南立面図
3	図面枠・表題	1/1	F	図面枠・表題	0	（なし）

本書で作図する図面のレイヤグループおよびレイヤ名の設定

3.3.2 レイヤグループとレイヤの設定

〈 書込レイヤ（グループ）の確認 〉

ステータスバーの書込レイヤボタン（→p.31）には現在の書込レイヤ（作図するレイヤ）「1－0」が表示されています。図の「1－0」は「1レイヤグループ－0レイヤ」が現在の書込レイヤであることを示しています。レイヤグループバーおよびレイヤバーの書込レイヤの状態も同じになっています（ボタンが凹んでいる）。

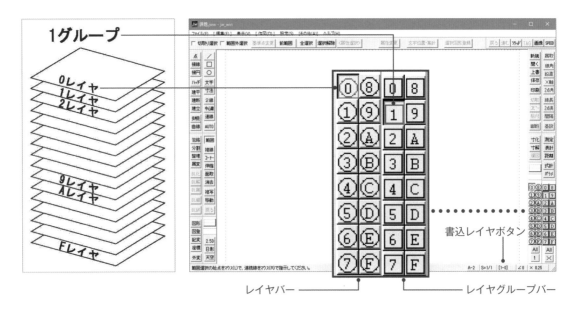

〈 レイヤ（グループ）状態の変更 〉

レイヤおよびレイヤグループの状態（→下表）の変更は、レイヤバーおよびレイヤグループバーのボタンの操作で簡単に行えます。書込レイヤ以外のボタンは左クリックするたびに編集可能→非表示→表示のみ→編集可能→…と循環で切り替わります。右クリックすると1回で書込レイヤに切り替わります。他のレイヤが書込レイヤに指定された時、現在の書込レイヤは自動的に編集可能レイヤに切り替わります。

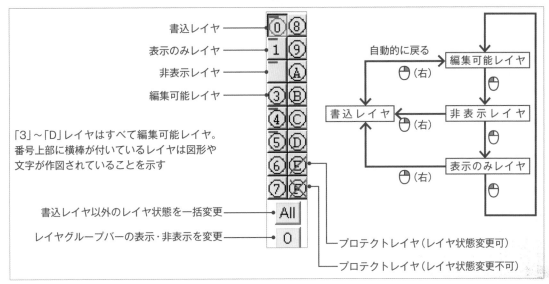

ボタンによるレイヤ状態表示例と変更操作（レイヤグループも一番下の「0」ボタン以外は同じ）

レイヤ（グループ）の番号ボタンを🖱（右）しても画面が変わらない場合はマウスポインタを作図ウィンドウ上に移動してください。

〈 レイヤ（グループ）状態のまとめ 〉

レイヤおよびレイヤグループの状態の詳細を下表にまとめておきます。本書の作図では、レイヤおよびレイヤグループの状態を頻繁に変更するので、十分に理解してください。

レイヤ（グループ）の状態	内　容
書込レイヤ（グループ）	現在、作図できるレイヤ（グループ）。番号が赤色で囲まれ凹んでいるボタンが書込レイヤ（グループ）。ステータスバーの書込レイヤボタンに表示されている番号が「レイヤグループ－レイヤ」を示す。
編集可能レイヤ（グループ）	番号が黒色で囲まれているレイヤ（グループ）。このレイヤに作図することはできないが、作図済みの内容の選択、消去、移動・複写などの編集が可能。
表示のみレイヤ（グループ）	作図内容が表示されるだけで、作図や編集の対象にならないレイヤ（グループ）。変更はしないが作図内容を見たいレイヤ（グループ）を一時的に表示のみレイヤ（グループ）に設定するような使い方をする。ただし、印刷と点読取の対象にはなる。
非表示レイヤ（グループ）	作図内容が表示されず、作図、編集、印刷、点読取など、一切の対象にならないレイヤ（グループ）。
プロテクトレイヤ（グループ）	作図済みのデータが変更できないレイヤ（グループ）だが、編集可能レイヤ、表示のみレイヤ、非表示レイヤに設定することができる（書込レイヤには設定できない）。設定するとレイヤ（グループ）の番号に紫色の「×」（レイヤ状態変更不可）または「／」（レイヤ状態変更可）が付く。表示のみレイヤや非表示レイヤとの違いは、レイヤボタンの🖱だけではプロテクト状態が解除されないため、不用意なマウス操作によるデータを変更してしまうリスクを完全に排除できる点である。「×」の設定は「Ctrl」キーと「Shift」キー（「／」の設定は「Ctrl」キー）を押しながらレイヤ（グループ）の番号を🖱する。解除は「Ctrl」キーを押しながらレイヤ（グループ）の番号を🖱する。

3章 製図の準備

〈 レイヤグループ名の設定 〉

本書で作図する建築図面の4つのレイヤグループ「0」「1」「2」「F」のレイヤグループ名（→p.40）を設定します。

1 レイヤグループバーの書込レイヤグループボタン「0」を🖱（右）して「レイヤグループ一覧」ウィンドウを表示する。もし表示されない場合は、再度🖱（右）。

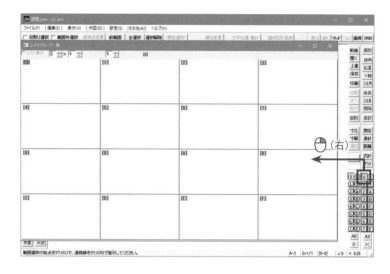

2 図の「[0]」の上を🖱し、表示される「レイヤグループ名設定」ダイアログに「平面図」と入力し、「OK」を🖱する。

以上で、レイヤグループ「0」の名前「[0]」が「[0] 平面図」に変わります。

3 以上の要領で、レイヤグループ「1」「2」「F」の名前も図のように設定する（→p.40）。

4 すべての設定が終了したらウィンドウ右上端の ✕ を🖱する。

以上で、レイヤグループ名の設定は完了です。

〈 レイヤ名の設定 〉

本書で作図する建築図面のレイヤ名（→p.40）を設定します。4つのレイヤグループごとに順次設定します。

1 レイヤグループ「0」およびレイヤ「0」を書込レイヤグループにしてから（または確認してから）、レイヤバーの書込レイヤボタン「0」を🖱（右）して「レイヤ一覧」ウィンドウを表示する。

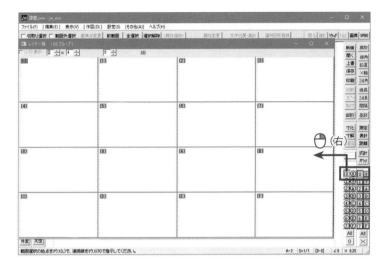

2 図の「(0)」の上を🖱し、表示される「レイヤ名設定」ダイアログに「基準線」と入力し、「OK」を🖱する。

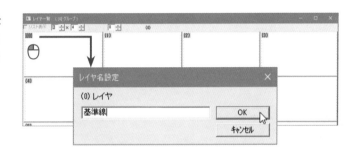

以上で、レイヤ「0」の名前「(0)」が「(0)基準線」に変わります。

3 以上の要領で、レイヤ「1」「2」「3」「4」「5」の名前も図のように設定する（→p.40）。

4 すべての設定が終了したらウィンドウ右上端の閉じるボタン ✕ を🖱する。

以上で、レイヤグループ「0」のレイヤ名の設定は完了です。

同様の要領で、レイヤグループ
「1」「2」「F」のレイヤ名を順次、
設定します。

5 レイヤグループ「1」のレイヤ
「0」「1」「2」の名前を図のように
設定する（→p.40）。

6 レイヤグループ「2」のレイヤ
「0」「1」の名前を図のように設定
する（→p.40）。

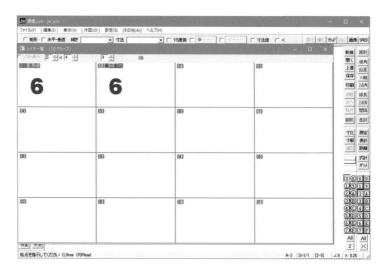

7 レイヤグループ「F」のレイヤ
「0」の名前はレイヤグループ名
と同じ「図面枠・表題」なので設
定しない（無名）ことにするが、
ここでは「レイヤ一覧」ウィンド
ウを開いて確認だけしておく。

以上で、すべてのレイヤ名の設
定は完了です。

3.3.3 レイヤグループ名をステータスバーに表示

レイヤ（グループ）名を設定することで、ステータスバーの書込レイヤボタンに現在の書込レイヤ名が表示されますが、初期設定ではレイヤグループ名が表示されません。そこで、ステータスバーの書込レイヤボタンに現在の書込レイヤグループ名も表示されるよう、設定を変更します。

1 ステータスバーの書込レイヤボタンを🖱する。

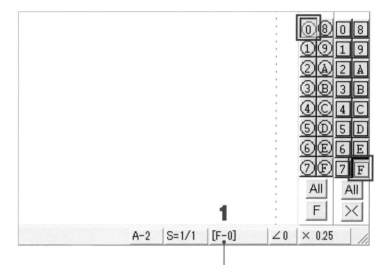

現在の書込レイヤが、「F」レイヤグループの「0」レイヤという意味

2 表示される「レイヤ設定」ダイアログの「レイヤグループ名をステータスバーに表示する」にチェックを付け、「OK」を🖱する。

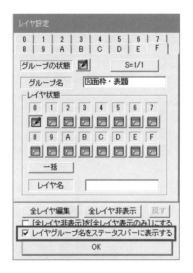

3 書込レイヤボタンが「［F－0］図面枠・表題－」に変わり、レイヤグループ名が表示されることを確認する。

以上で、レイヤグループ名のステータスバーへの表示設定は完了です。

3.3.4 縮尺の設定

図面には必ず縮尺を設定します。図面の見やすさや表現力の点から、1つの建築物でも図面の種類に応じて縮尺を変えることがあります。ここでは、F以外のレイヤグループの縮尺を1：100に設定します。

1 ステータスバーの縮尺ボタン（→p.31）を🖱する。

2 表示される「縮尺・読取　設定」ダイアログの「縮尺」の2つ目の数値入力ボックス（縮尺の分母）に「100」とキー入力する。

3 「全レイヤグループの縮尺変更…」にチェックを付け、「OK」を🖱する。

4 レイヤグループバーの「F」ボタンを🖱（右）して、Fレイヤグループを書込レイヤグループにする（または確認）。

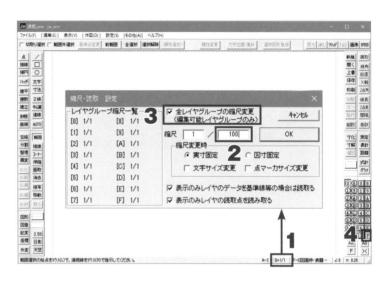

5 ステータスバーの縮尺ボタンを🖱する。

6 「縮尺・読取　設定」ダイアログで、「縮尺」の2つ目の数値入力ボックスに「1」と入力する。

7 「全レイヤグループの縮尺変更」にチェックがないことを確認し、「OK」を🖱する。

8 再度、ステータスバーの縮尺ボタンを🖱し、「縮尺・読取　設定」ダイアログの「レイヤグループ縮尺一覧」で、[F]が「1/1」で、それ以外はすべて「1/100」になっていることを確認する。

以上で、レイヤと縮尺の設定が完了です。

9 ツールバー「上書」（メニューバー「編集」→「上書き保存」）を🖱し、この図面ファイル「課題.jww」を上書き保存する。

Ⓒ Ⓓ CH3-03.jww

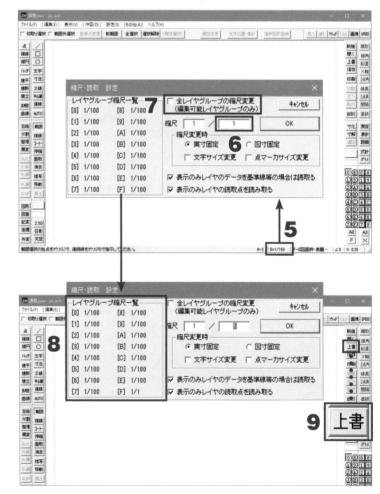

3.4 図面枠と表題欄の作成

建築図面には、図面を作図する範囲を示す図面枠と、図面管理事項を記入する表題欄が必要です。ここでは、例として高等学校での教育課題を想定し「表題」「学校名」「図名」「縮尺（尺度）」「科学年」「氏名」などを記入します。表題欄の様式はさまざまですが、通常は図面枠右下端にまとめるか、下端の横幅いっぱいに記入します。前3.3節で作成した図面ファイル「課題.jww」を引き続き使用して、Fレイヤグループの0レイヤに、設定済みの用紙サイズ「A2」、縮尺「1/1」で、図面枠を作図します。

製図のポイント

〈 本節で作図する図面枠と表題欄 〉

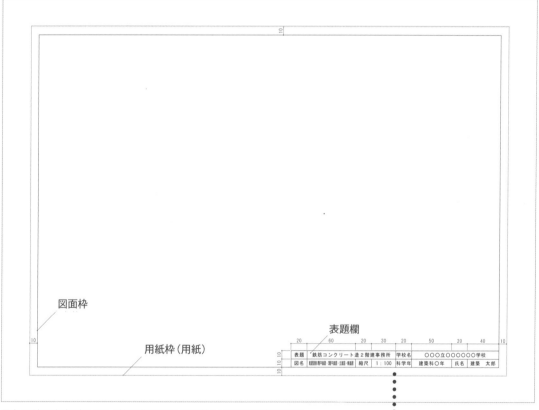

黒色の線や文字がこの3.4節で作図する図面枠と表題欄の完成図例
（赤色の文字と寸法は参照用で、図面には作図しない）

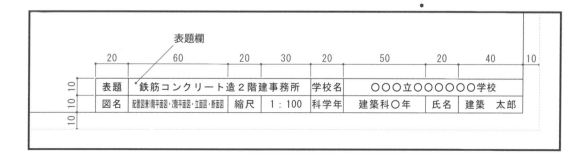

3.4.1 図面枠の作図

引き続き、前3.3節で保存した「課題.jww」を使用します（または付録CD収録の「CH3－03.jww」）。p.36の設定を済ませてあれば用紙枠（赤色の点線）が表示されているはずですが、ここでまず確認します。

1 ツールバー「基設」を🖱する。

2 表示される「jw_win」ダイアログで、「一般(1)」タブを🖱し、「用紙枠を表示する」にチェックが付いていることを確認し、「OK」を🖱する。

3 ステータスバーのボタンで、書込レイヤがFレイヤグループの0レイヤ（[F-0]図面枠・表題－）、用紙サイズが「A-2」、縮尺が「S＝1/1」を確認する。

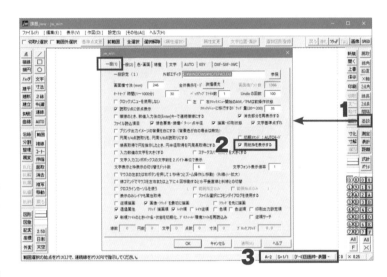

まず、用紙枠にぴったり重なる矩形を補助線（画面表示されるが印刷されない点線）で作図し、その10mm内側に超極太線の実線で矩形を作図します。内側の矩形が図面枠になります。書込線の線属性の設定を変更します。

4 線属性ボタンを🖱する。

5 表示される「線属性」ダイアログで、図のように、「補助線色」と「補助線種」を🖱してチェックを付け、「Ok」を🖱する。

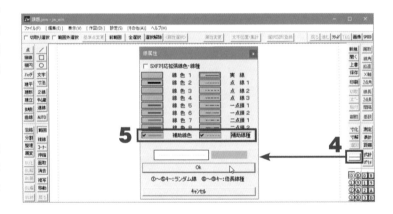

6 画面を十分に縮小表示し（→下段の「information」またはp.56）、用紙枠が見えるようにする。

information

画面の拡大や縮小は画面ズーム機能を使用します。画面ズーム機能は、左右両方のボタンを押したままマウスを少し移動する（両ドラッグ）方法で行えます。右下方向両ドラッグで「拡大」、右上方向両ドラッグで「図面（用紙）全体表示」、左上方向両ドラッグで「縮小」になります。

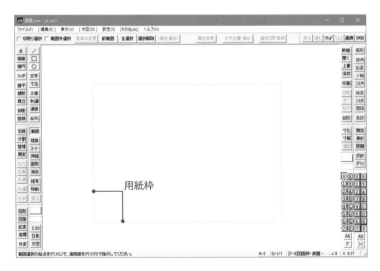

用紙枠

7 ツールバー「□」(メニューバー「作図」→「矩形」)を🖰する。

8 用紙枠の矩形の始点として、用紙枠の一頂角(ここでは左上)を🖰(右)する。

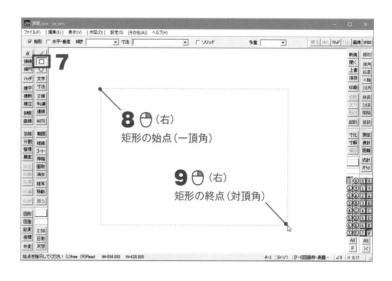

9 用紙枠の矩形の終点として、**8**の対頂角を🖰(右)し、用紙枠にぴったり重なるガイドとする矩形を作図する。

書込線の線属性の設定を変更します。

10 線属性ボタンを🖰し、表示される「線属性」ダイアログで、図のように「線色5(紫色)」と「実線」を🖰してチェックを付け、「Ok」を🖰する。

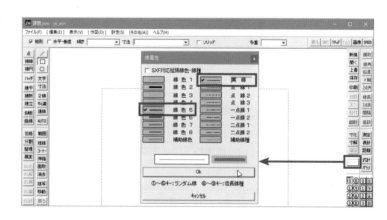

上記**9**で作図したガイドとする矩形を内側に複線して図面枠を作図します。まず、ガイドの矩形を複線元の線として選択します。

11 ツールバー「範囲」(メニューバー「編集」→「範囲選択」)を🖰する。

12 図のように、表示される赤色の線の矩形範囲内に、**9**で作図したガイドとする矩形が完全に入るよう、始点→終点の順に🖰する。

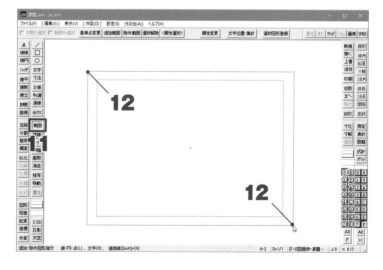

ガイドの矩形が選択され紫色の選択色に変わったら、複線間隔10mmで内側に複線（作図済みの線を平行に複写）します。

13 ツールバー「複線」（メニューバー「編集」→「複線」）を🖱する。

14 コントロールバー「複線間隔」ボックスに、キーボードから半角数字で「10」と入力する。

15 10mm離れた位置（外側または内側）に仮の赤色の矩形が表示されるので、マウスポインタを内側（位置は任意）に移動し、複線確定の🖱をする。

以上で、ガイドの矩形が複線され二重の矩形になり、内側の実線の矩形が図面枠になります。

information 「複線」コマンドによる複線では、複線する方向は2通り（複線元の両側に）あるので、最後にもう一度🖱して、複線を確定します。

3.4.2 表題欄の枠線を作図

引き続き、「複線」コマンドで、図面枠下端の横幅いっぱいに表題欄の枠線を作図します。

まず、図面枠下辺を上側に複線して表題欄の行枠線を作図します。

1 「複線」コマンドが選択されていて、コントロールバー「複線間隔」が「10」になっていることを確認する。

2 複線元の線として、前項で複線して作図した図面枠の下辺を🖱（右）（前回値複線機能）する。

3 図面枠の下辺が紫色の選択色に変わり、10mm離れた上または下に仮の複線が表示されるので、上側で🖱し、複線を確定する。

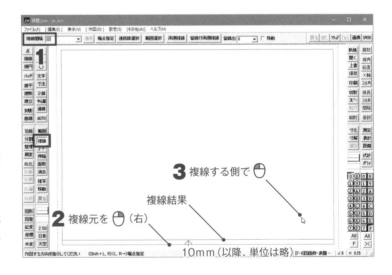

information
複線間隔が前回の複線と同じ場合は、次に複線する線を🖱（右）することで、複線間隔の入力を省略できます。複線間隔を変更する時は「複線間隔」ボックスに数値を入力します。

前ページ**3**で複線した水平線を、さらに同じ間隔で同じ上側に複線します。「連続複線」機能を使います。

4 コントロールバー「連続」を🖱する。

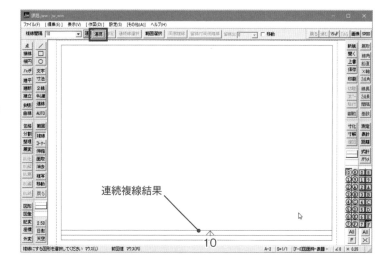

連続複線結果

10

次に、図面枠の右辺を左側に複線し、表題欄の列枠線を作図します。

5 「複線」コマンドのまま、図面枠の右辺を🖱する。

6 右辺が紫色の選択色に変わるので、コントロールバー「複線間隔」に半角数字で「40」とキー入力する。

7 左または右に40mm離れた位置に仮の複線が表示されるので、左側で🖱し、複線を確定する。

8 他の7本の列枠線も、図に示した複線間隔で順次、複線する。

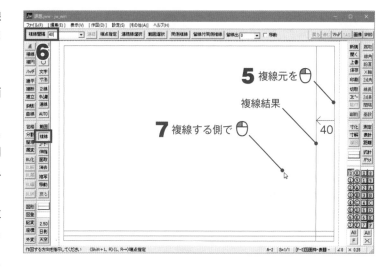

5複線元を🖱
複線結果
7複線する側で🖱
40

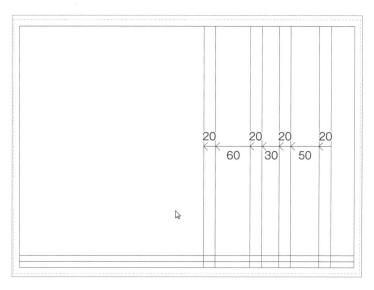

20 20 20 20
60   30 50

「伸縮」コマンドを使用し、作図した行枠線と列枠線を適正に縮め、表題欄の枠を完成させます（枠構成→p.47）。まず、最上段の行枠線を右に縮めます。

9 ツールバー「伸縮」（メニューバー「編集」→「伸縮」）を🖱する。

10 線を縮める操作は、縮めた時に線を残す側を指示する仕様になっているので、縮める線の図の位置側で🖱する。

11 縮める点（図の交点）を🖱（右）する。

11 縮める点で🖱（右）

10 残す側で🖱（右）小さい水色の○印が付く

information

線を残す側を指示すると、そちら側に小さい水色の○印が付き、線伸縮の目印になります。

12 同様の操作で、他の行枠線1本、列枠線8本も縮め、図のような表題欄を完成させる。

information

ここでは行いませんでしたが、複数の線を同じ位置まで縮める場合は、連続伸縮機能が使えます（→p.99）。

以上で、表題欄の枠線の作図は完了です。

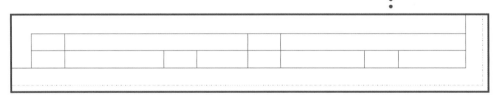

3.4.3 表題欄に文字を記入

前項で作図した表題欄の各枠内に必要な文字を記入します。なお、本書での記入はダミーなので、必要に応じて文字を置き換えてください。まず、文字を枠内の中央に見栄えよく配置するため、印刷されない仮の線である補助線に切り替えて2本の対角線を作図し、枠の中心を出します。

1 線属性ボタンを🖱して表示される「線属性」ダイアログで、「補助線色」と「補助線種」を🖱してチェックを付ける。

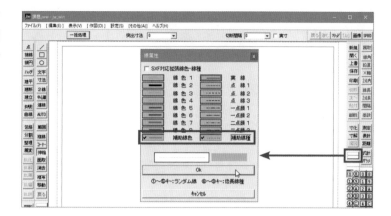

2 ツールバー「／」(メニューバー「作図」→「線」)を🖱し、コントロールバー「水平・垂直」のチェックを外す(または確認)。

3 表題欄の枠の頂点を🖱(右)して、2本の対角線を順次作図する。

4 同様にして、他の枠にも対角線を2本ずつ作図する。

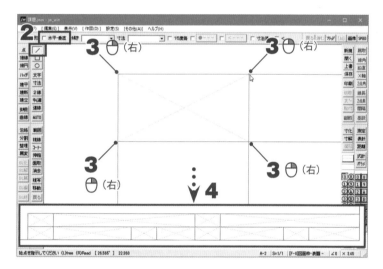

作図した対角線の交点(=枠の中心)に文字を記入します。

5 ツールバー「文字」(メニューバー「作図」→「文字」)を🖱する。

6 コントロールバー左端の書込み文字種ボタンを🖱する。

7 表示される「書込み文字種変更」ダイアログで、「文字種[6]」を🖱して黒丸を付ける。

8 ダイアログが自動的に閉じるので、書込み文字種ボタンが「[6] W=6 H=6 D=0.5(3)」に変わったことを確認する(結果は次ページの図)。

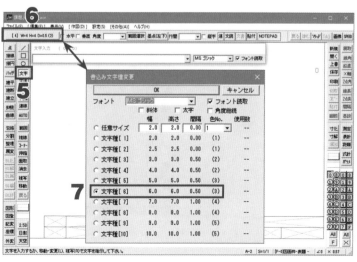

9 コントロールバー「基点（左下）」を🖱する（画面は前ページの図）。

10 表示される「文字基点設定」ダイアログで、「中中」を🖱して黒丸を付ける。

11 ダイアログが自動的に閉じるので、コントロールバーが「基点（中中）」に変わったことを確認する。

12 「文字入力」ボックスに必要な文字を入力し（ここでは「表題」）、「Enter」キーを押して文字を確定する。

13 マウスポインタに仮の赤色の文字枠（基準点は文字列中心）が表示され、入力した文字列の記入待ち状態になるので、上図のように「表題」を記入する位置の対角線の交点を🖱（右）する。

以上で、図のように文字「表題」が記入されます。

information

「文字入力」ボックスへの文字入力は、日本語変換（2バイト文字）しない半角文字であれば、入力後に変換確定の「Enter」キーを押す必要はありません。

14 同様にして、「図名」以外の表題欄へ必要な文字（→p.47）を記入する。

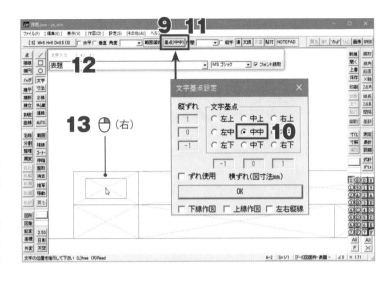

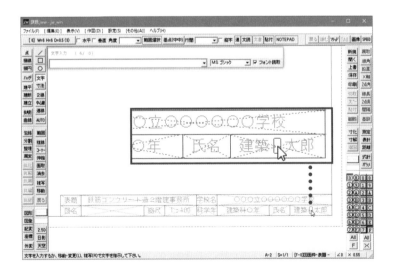

「図名」欄に記入する「配置図兼1階平面図・2階平面図・立面図・断面図」は文字数が多く枠に入り切らないので、文字サイズを変更して記入します。その方法を補足しておきましょう。

15 コントロールバーの書込み文字種ボタンを🖱し、表示される「書込み文字種変更」ダイアログで、「任意サイズ」を🖱して黒丸を付ける。

16 右側の4つの数値入力ボックスに数値を入力して、幅「2.5」、高さ「6.0」、間隔「0.00」、色No.「3」とする。

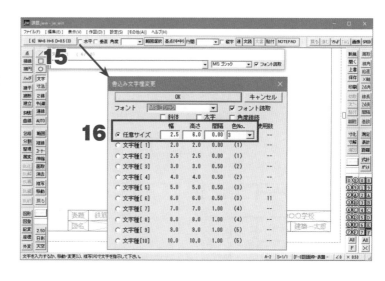

17 「OK」ボタンを🖱して、ダイアログを閉じる。

18 コントロールバーの書込み文字種ボタンの表示が「Free W=2.5 H=6 D=0(3)」に変わったことを確認する。

19 「文字入力」ボックスに、「配置図兼1階平面図・2階平面図・立面図・断面図」とキー入力する。

20 文字記入先として、図のように、図名欄の対角線の交点を🖱(右)する。

21 図面枠と表題欄が完成したので、ツールバー「上書」を🖱して、この図面ファイル「課題.jww」を上書き保存する。

以上で、製図の準備作業はすべて完了です。

 CH3-04.jww

COLUMN　画面表示の拡大・縮小・移動

Jw_cadに限らず、CADによる図面の作図では、画面の表示倍率（拡大・縮小）の変更や表示範囲の移動を頻繁に行うことになります。Jw_cadでは、これらの機能を作図ウィンドウ上でマウスの両方のボタンを同時に使うドラッグやクリックに割り当てていて、作図途中でも行えるようになっています。以下、紹介しますので、何度も練習して確実に操作できるようにしてください。

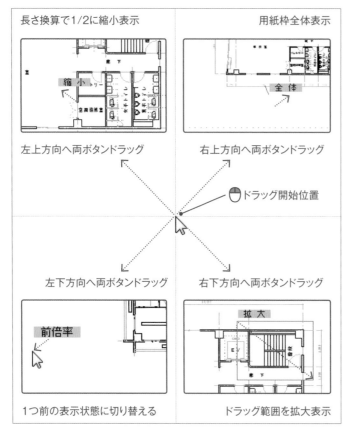

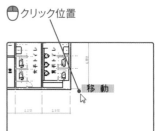

両ボタンを同時にクリックするとそこが画面の中心になるように表示範囲が移動する

キーボードのキーによる画面操作

● 拡大表示
「PageUp」キーを押すと、マウスポインタ位置を中心として画面が拡大します。

● 縮小表示
「PageDown」キーを押すと、マウスポインタ位置を中心として画面が縮小します。

● 用紙枠全体表示
「Home」キーを押すと、用紙枠全体が表示される画面倍率に変更されます。

● 移動
矢印（カーソル）キーを押すと、その方向に画面が移動します。

マウスホイールによる画面操作（→p.36）

● 拡大表示
マウスホイールを手前側に回すと、マウスポインタ位置を中心として画面が拡大します。回転角度と拡大率が比例します。

● 縮小表示
マウスホイールを向こう側に回すと、マウスポインタ位置を中心として画面が縮小します。回転角度と縮小率が比例します。

● 移動
マウスホイールを押すと、押した位置が作図ウィンドウの中心になるように画面が移動します。

4章 配置図兼平面図の作図

いよいよ4章からは、3章で図面枠・表題欄を作図して保存した図面ファイル「課題.jww」を基に、一般的な「鉄筋コンクリート（RC）造2階建事務所」の図面を作図していきます。この4章ではまず、下図のような「配置図兼1階平面図」と「2階平面図」を作図します。

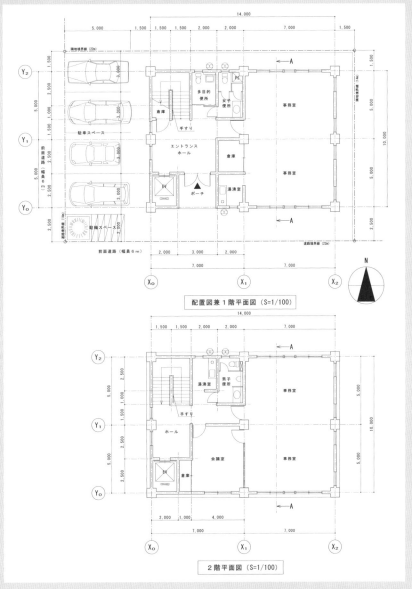

配置図兼1階平面図（S=1/100）

2階平面図（S=1/100）

配置図兼1階平面図・2階平面図

4.1 配置図兼平面図作図の前に

まず初めに、作図前の確認を行います。以下の「製図のポイント」および次ページの線属性の使い分けを必ず確認してから、作図を始めるようにしてください。なお、これ以降はJw_cadの基本的な作図操作の解説を徐々に簡略化していきます。

製図のポイント

【 鉄筋コンクリート（RC）造の構造形式 】

鉄筋コンクリート（RC）造は、ラーメン構造と壁式構造に大別されますが、本書ではラーメン構造での作図例を学習します。

● ラーメン構造

柱と梁で全体を支えます。柱の間隔を比較的自由に設定できるので、広い空間を作るのに適しています。

● 壁式構造

壁と床や屋根で建物全体を支えます。構造的には、壁と屋根や床だけというシンプルで合理的な作りになりますが、壁どうしの間隔に制限があるので、あまり大きな空間を作ることはできません。

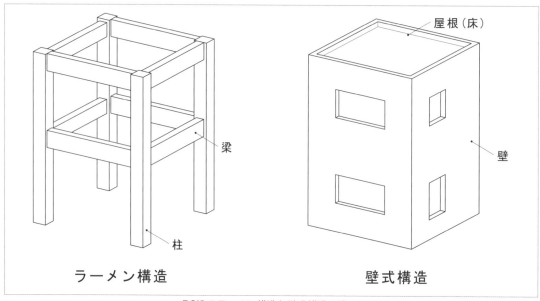

RC造のラーメン構造と壁式構造の違い

【 平面図の作図法 】

① 平面図とは、建築物の各階の床上から1〜1.5mくらいの所で水平面で切断し、真上から真下を見た様子を平面的に作図したものです。この場合、壁の側面は見えないものとします。

② 平面図を作図する場合、原則として「北」方向を用紙の上にして作図します。

③ 柱・壁の中心線（通り芯、基準線）は「細線の一点鎖線」で作図します。本書では、線色「線色1（水色）」、線種「一点鎖1」を使用します。

④ 床上から1〜1.5mくらいの所で切断された部分（断面線）は「極太線の実線」で作図します。本書では、線色「線色3（緑色）」、線種「実線」を使用します。

⑤ 階段や便所の便器、洗面台など、見えている線（姿線）は「細線の実線」で作図します。本書では、線色「線色1（水色）」、線種「実線」を使用します。

⑥ 寸法線などは「細線の実線」で作図します。本書では、線色「線色1（水色）」、線種「実線」を使用します。なお、寸法の端末記号は、線色「線色2（黒色）」の「●」で作図します。

⑦ 断面図を作図する場合の切断位置を示す線（切断線）は「細線の二点鎖線」で作図します。本書では、線色「線色1（水色）」、線種「二点鎖1」を使用します。

⑧ 「X₀、X₁・・・」などの通りを示す「基準記号」の「○」は「太線の実線」で作図します。本書では、線色「線色2（黒色）」、線種「実線」を使用します。

⑨ 方位記号は「太線の実線」で作図します。本書では、線色「線色2（黒色）」、線種「実線」を使用します。

【 配置図の作図法 】

① 配置図とは、建築物が建つ敷地の形状および道路や建築物の位置関係を作図したものです。

② 配置図の要素は、敷地、道路、建物の平面形状、門扉、塀、樹木、付属施設などがあります。

③ 道路境界線および隣地境界線は「極太線の一点鎖線」で作図します。本書では、線色「線色3（緑色）」、線種「一点鎖1」を使用します。

④ 敷地の角は「極太線の実線」を「○」で作図します。本書では、線色「線色3（緑色）」、線種「実線」を使用します。

⑤ 塀、自動車、樹木などの見えている線（姿線）は「細線の実線」で作図します。本書では、線色「線色1（水色）」、線種「実線」を使用します。

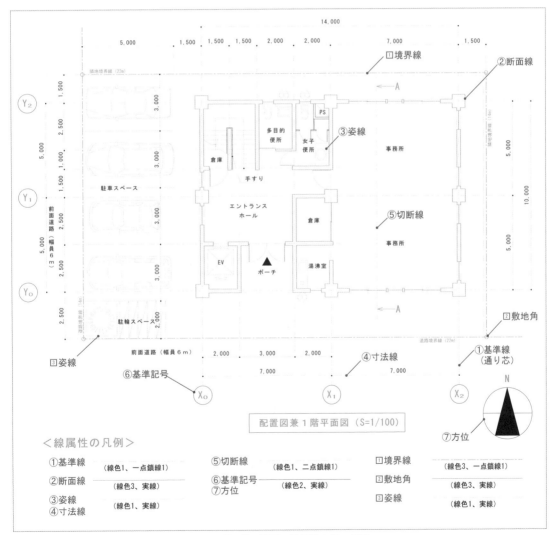

配置図兼1階平面図の線属性の使い分け

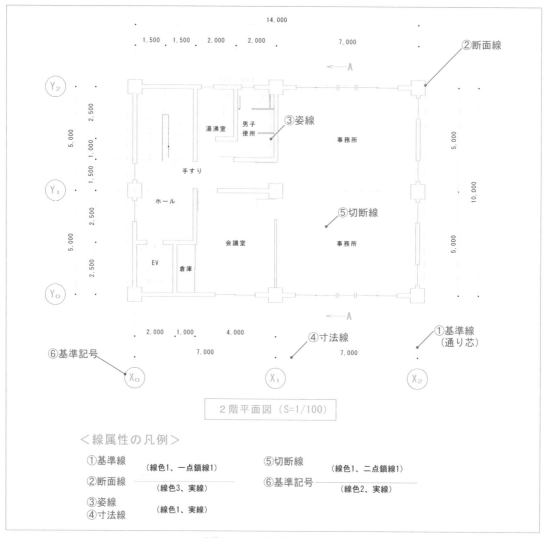

2階平面図の線属性の使い分け

なお、これ以降の作図では、付録CDに収録したRCオリジナル図形データ（Jw_cad専用のjwsファイル）を使用する場合があります。図に示したように、「RCオリジナル図形」フォルダが、Jw_cadをインストールしたCドライブの「jww」フォルダ内に、フォルダごとにコピーされていることが前提となります（→p.6）。

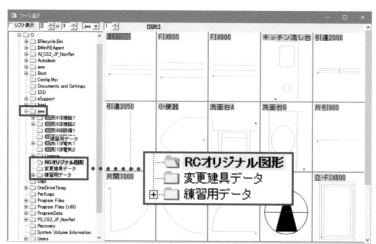

4.2 基準線の作図

平面図の最初の作図は「基準線」です。基準線は柱や壁の中心を通る線のことで、「通り芯」や「中心線」とも呼ばれます。平面図各部の線のほとんどは、基準線を基準としてかきます。このため、基準線には100%の正確さが求められます。

製図のポイント

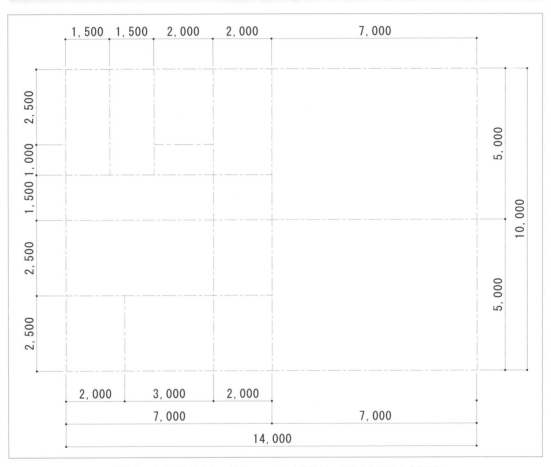

基準線の完成図例（赤色の線がここでかく基準線。寸法は作図時の参照用）

① 作図するレイヤは、0レイヤグループの0レイヤです。レイヤグループ名は「平面図」、レイヤ名は「基準線」です（3章で設定済み）。

② 基準線は、細線の一点鎖線で作図します。本書では、線色「線色1（水色）」、線種「一点鎖1」を使用します。

③ 基準線の作図位置（各線間の寸法）は、上記完成図例に示したとおりです。

4.2.1 レイヤの設定

基準線をかく図面ファイルを用意しましょう。

1 Jw_cadを起動して、3章の最後に保存した図面ファイル「課題.jww」(または練習用データ「CH3－04.jww」)を開く(ファイルを開く→p.6/55)。

2 レイヤグループバーの「0」ボタンおよびレイヤバーの「0」ボタンを順次🖱(右)する(ボタンがすでに押されて凹んでいる状態ならば、その確認)。

書込レイヤは0レイヤグループ「平面図」の0レイヤ「基準線」に切り替わります(ステータスバーの書込レイヤボタンの表示もそのようになる)。

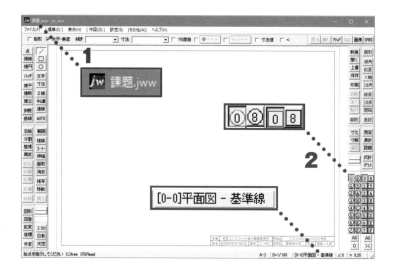

4章でかいた図面枠および表題は完成していてもう変更しないので、操作ミスでそれらを作図したFレイヤグループが変更されないよう、プロテクト(プロテクトレイヤ→p.41)をかけておきましょう。

3 図面枠および表題を作図したレイヤグループバーの「F」ボタンを少し間をあけて2回🖱し(ダブルクリックではない)、表示のみレイヤに切り替える。

4 さらに続けて、キーボードの「Shift」キーと「Ctrl」キーを両方とも押した状態のままレイヤグループバーの「F」ボタンを🖱してプロテクトレイヤに切り替える。

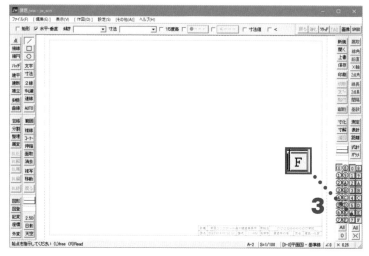

レイヤグループバーの「F」ボタンに紫色の×印が付き、プロテクトレイヤに切り替わりました。

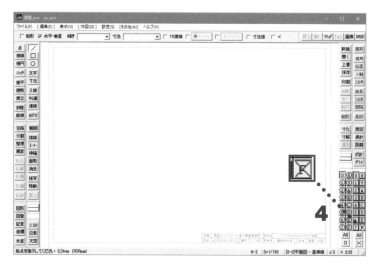

4.2.2 作図ウィンドウにグリッドを表示

基準線をかきやすくするため、作図ウィンドウにグリッド（等間隔の格子点）を表示しましょう。

1 ステータスバーの軸角ボタンを🖱する（メニューバー「設定」→「軸角・目盛・オフセット」を🖱しても同じ）。

2 表示される「軸角・目盛・オフセット　設定」ダイアログで、「目盛間隔（図寸mm）」右の▼を🖱し、表示される一覧から「10，10」を🖱する（ここを「（無指定）」または空白にするとグリッドは表示されない）。

3 「表示最小間隔」欄下部の「1/2」にチェックを付ける。

ダイアログが自動的に閉じます。

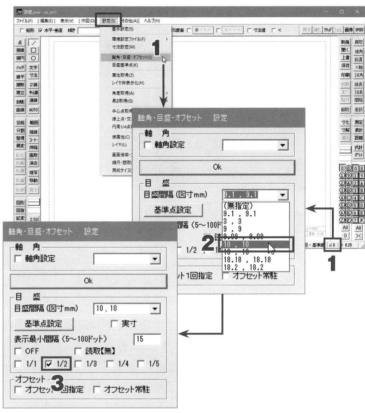

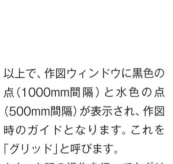

以上で、作図ウィンドウに黒色の点（1000mm間隔）と水色の点（500mm間隔）が表示され、作図時のガイドとなります。これを「グリッド」と呼びます。
なお、上記の操作を行ってもグリッドが見えない場合は、下段の図のように、画面表示を十分に拡大してください（画面拡大表示→p.36/56）。

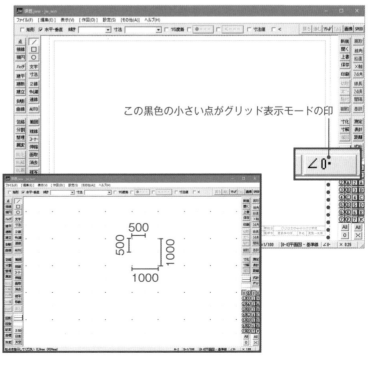

4.2.3 作図する線の線属性を設定

p.61で述べたとおり、基準線は細線の一点鎖線（線色「線色1（水色）」、線種「一点鎖1」）でかくので、ここで作図する線の線属性として、その設定を行います。繰り返しになりますが、線色とは印刷時の線の太さをパソコンのディスプレイ上で色で表現（区別）するためのJw_cadの仕様です。

1 線属性バーのボタンを🖱する（→p.38）。

2 表示される「線属性」ダイアログで、線色は「線色1（水色）」を🖱、線種は「一点鎖1」を🖱して、それぞれチェックを付け、「Ok」ボタンを🖱する。

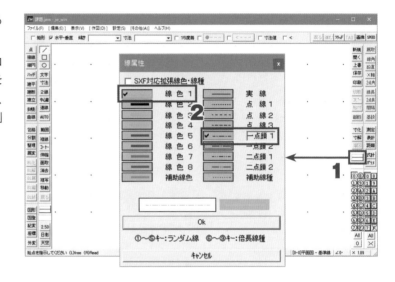

3 線属性バーのボタンが水色の一点鎖線に変わっていることを確認する。

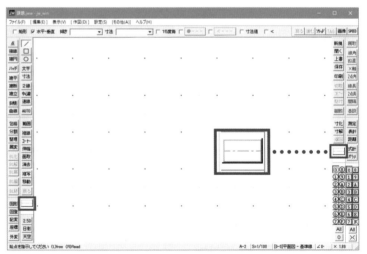

4.2.4 外周の基準線を作図

これより実際の作図に入ります。まず最初に、建築物の外周の基準とする基準線をかきましょう。なお、配置図兼1階平面図は、設定済みの図面（A2判用紙横置き）の左上部（→p.9）にかくので、その付近のグリッドが見えるまで画面を十分に拡大してください（画面拡大表示→p.36/56）。

1 ツールバー「□」（矩形コマンド）を🖱する。

2 コントロールバー「寸法」に「14000,10000」（→p.61）と入力する。

3 仮の赤色の矩形が表示されるので、その四隅がすべて黒色のグリッドと重なるような適当な位置の黒色グリッドを🖱🖱（右ダブル）する。

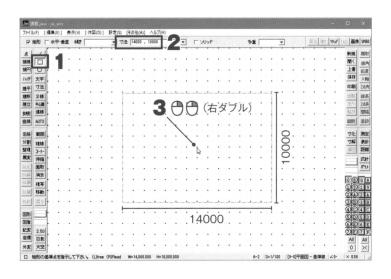

4.2.5 柱の基準線を作図

柱の基準線をかきましょう。本建築物の柱の間隔（スパン）は縦5m、横7mです（→p.61）。前項でかいた外周の基準線を複線することでかきます。

1 ツールバー「複線」を🖱する。

2 複線元として、外周の基準線の上辺を🖱する。

3 コントロールバー「複線間隔」に「5000」（縦の柱スパン）と入力する。

4 仮の赤色の複線が表示されるので、マウスを下側に移動して、図の状態で複線確定の🖱をする。

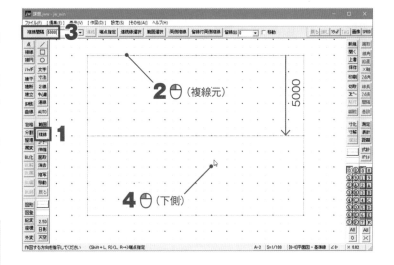

5 同様にして、外周の基準線の右辺（左辺でも可）を、複線間隔7000で左側に複線する。

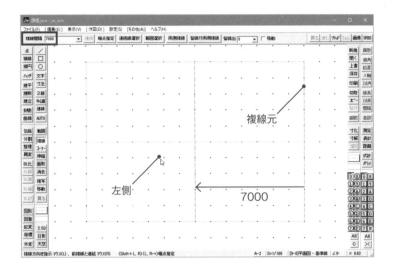

4.2.6 内部の基準線を作図

p.61の完成図例を参照して内部の基準線をかきましょう。前項のように「複線」コマンドでかくこともできますが、寸法が異なるので、ここでは「線」（／）コマンドの水平線・垂直線モードを使います。

1 ツールバー「／」（線コマンド）を🖱し、コントロールバー「水平・垂直」にチェックを付ける。

2 p.61の完成図例に示した基準線の位置や寸法を参照して、線の始点または終点としてグリッドを🖱（右）しながら、内部の基準線を順次かく（薄い赤色の線）。

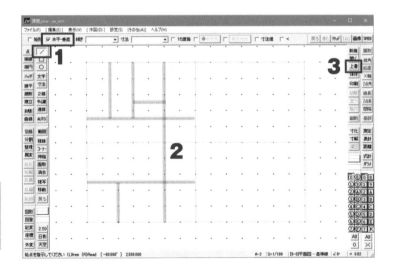

information

黒色グリッド間は1000、水色グリッド間は500であることに注意してください。

3 以上で基準線が完成したので、ツールバー「上書」を🖱し、この図面ファイル「課題.jww」を上書き保存する（→p.46）。

Ⓒ Ⓓ CH4-02.jww

4.3 柱、壁、開口部、階段の作図

基準線がかけたので、基準線を基に柱、壁、階段をかきましょう。柱は正方形で表現します。壁をかいたら、窓や戸が取り付く開口部をかきます。開口部とは建築物の屋根・壁・床・天井などの一部が開放された部分のことで、窓やドアなどが取り付きます。かくべき線がたくさんあり、多くのコマンドを使い分けますが、ここでの作図をマスターすることで、Jw_cadによる基本作図技術がしっかりと身に付きます。

製図のポイント

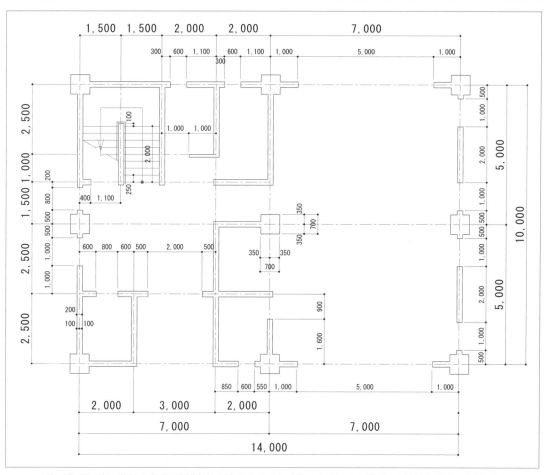

柱、壁、開口部、階段の完成図例（赤色の線がここでかく柱、壁、開口部、階段。寸法は作図時の参照用）

① 作図するレイヤは、0レイヤグループ「平面図」の1レイヤ「柱・壁・階段」です（3章で設定済み）。
② 前4.2節で作図した基準線をガイドにして、700×700mmの柱を9つ、矩形（正方形）で作図します。
　柱はすべて、2階平面図を作図する場合も同じ位置になります。
③ 壁は、厚を200mmとします。
④ 階段は、踏面（ふみづら）を250mmとします。

4.3.1 レイヤと線属性の設定

まず、柱、壁、開口部、階段をかく書込レイヤと、書込線の線属性を設定しましょう。レイヤの切り替え（→p.41）や線属性の設定（変更）（→p.38）はこれまで何回も行ってきたので、以降、説明は省略します。

1 図面ファイル「課題.jww」（または「CH4-02.jww」）を開く（→p.66）。

2 書込レイヤを1レイヤに、今まで書込レイヤだった0レイヤは表示のみレイヤに、それぞれ切り替える。なお、書込レイヤグループは0のまま変更しない。

3 線属性を「線色3（緑色）」「実線」に変更する。

線属性は、しばらくはこの設定でかき進めます。

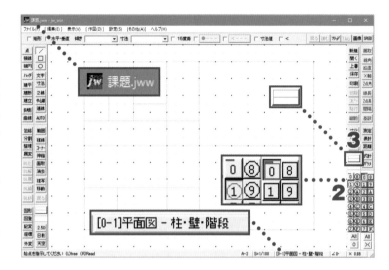

4.3.2 柱の作図

それでは、どんどん作図していきましょう。まず柱です。柱の寸法は700×700mm、配置位置は9個所です。

左上隅からかきます。

1 ツールバー「□」（矩形コマンド）を🖱する。

2 コントロールバー「寸法」に「700,700」と入力する。

information

「矩形」（□）コマンドのコントロールバー「寸法」数値入力ボックスのように、2数値（一般にX座標とY座標）を入力する場合、2つの値が同じ時は、例えば「700」と1つの値だけの省略入力が可能です（入力後、「700,700」に自動変換されます）。

3 ここでは左上隅からかくので、図の位置で🖱🖱（右ダブル）する（1回の操作で矩形を配置→p.65）。

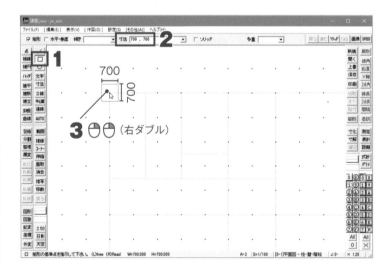

4 同じ矩形を配置するモードが続くので、図のように残り8個所を順次🖱🖱（右ダブル）して、柱をかきあげる。

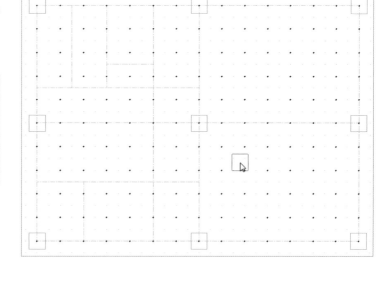

5 ここでいったん上書き保存する。

Ⓒ Ⓓ CH4-03A.jww

4.3.3 壁の作図

続いて、p.67の完成図例を参照し、壁をかきましょう。壁厚は200なので、基準線に対して左右100振り分けの平行線で表現します。よって「2線」コマンド（既存線に対する左右二重平行線をかくコマンド）が最適です。壁は、作図する線が多く煩雑ですが、同様な操作の繰り返しなので、要点のみ説明します。

左上辺からかきます。

1 ツールバー「2線」（メニューバー「作図」→「2線」）を🖱する。

2 コントロールバー「2線の間隔」に「100」（2数値同値の場合の省略入力）と入力する。

3 2線をかく基準線（2線の中心線）として図の基準線を🖱する。

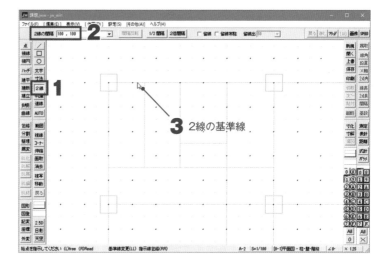

4 2線の始点として、図の柱右辺の任意の読取点（ここでは柱の右下頂点）を🖱(右)する。

information

2線の始点は、2線の基準線および間隔が決まっているので、2線が始まる水平方向の位置が指示できれば、読取点は任意です（→**6**）。指示しやすい点を使ってください。Jw_cadを使いこなす重要なテクニックです。必ず覚えてください。

5 マウスポインタを右方向に移動する。

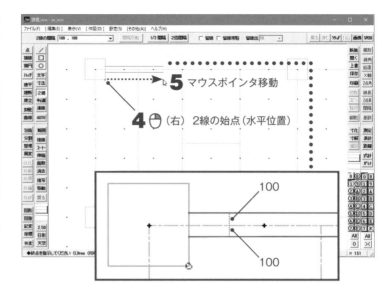

6 2線の終点として、図の柱の左辺の任意の読取点（ここでは柱と基準線の交点）を🖱(右)する。

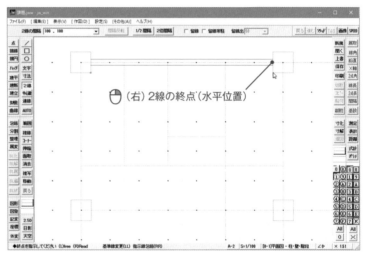

7 引き続き、右上辺に2線をかくが、2線の基準線は**6**と同じなので省略でき、図のように始点の🖱(右)→マウスポインタ移動→終点の🖱(右)と、順次操作すればよい。

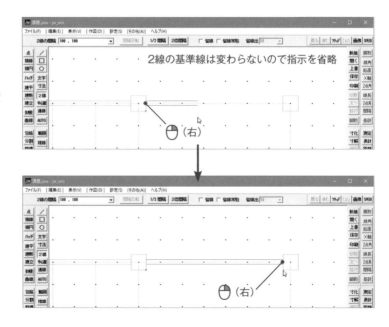

続いて右辺の壁線をかくので、2線の基準線を変更します。2線作図モード中に2線の基準線を変更するには、ステータスバーに表示されるように👆👆(左ダブル)します。

8 新しい2線の基準線として、図の基準線を👆👆(左ダブル)する。

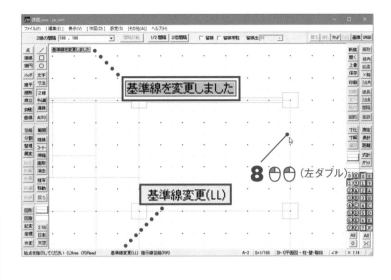

ステータスバーには、作図状態に応じた「次の操作ガイド」が表示されます。たいへん役に立つ情報なので、常に確認して参照するようにしてください。「L」は👆(左クリック)、「R」は👆(右クリック)、「LL」は👆👆(左ダブルクリック)、「RR」は👆👆(右ダブルクリック)を表します。ちなみに「free」は自由点(任意点)指示、「Read」は読取点指示の意味です。

9 基準線が決まったので、始点の👆(右)→マウスポインタ移動→終点の👆(右)と、順次操作して、縦の壁線をかく。

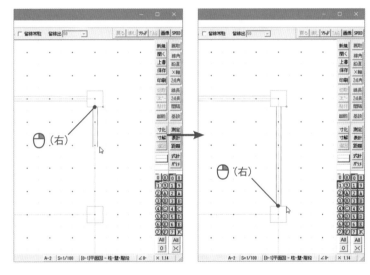

10 同様に、基準線を👆👆(左ダブル)して変更し、始点→終点と指示して、図の状態まで壁線をかき終える。

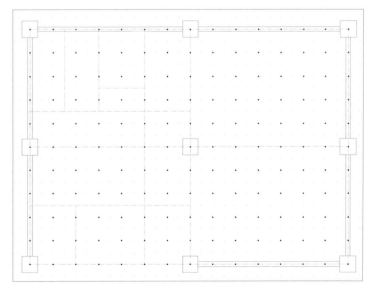

続いて、下辺の外周から内部に曲がる壁線をかきます。壁線はつながったまま直角に曲がりますが、2線の終点作図前に基準線を変更することで、正しくつながった2線がかけます。たいへん便利な機能です。

11 新しい2線の基準線として、図の基準線を🖱🖱（左ダブル）する。

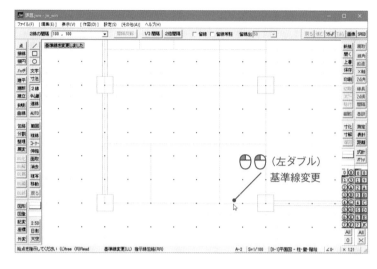

12 2線の始点を🖱（右）し、マウスポインタを左に移動する。

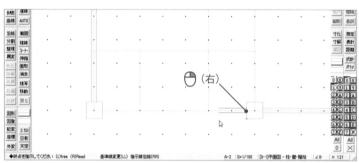

13 次の内部基準線に沿って壁線を上に曲げるので、新しい2線の基準線として図の基準線を🖱🖱（左ダブル）してから、マウスポインタを上に移動する。

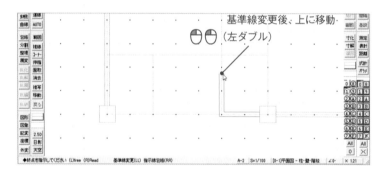

14 同様にして、図のように上部の内部基準線で右に曲げてかく。

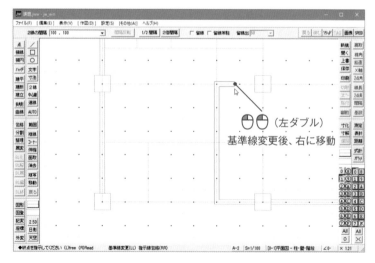

15 終点を🖱(右)する。

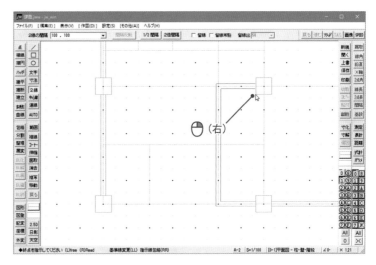

16 同様にして、図の内部壁線を順次かいていく。

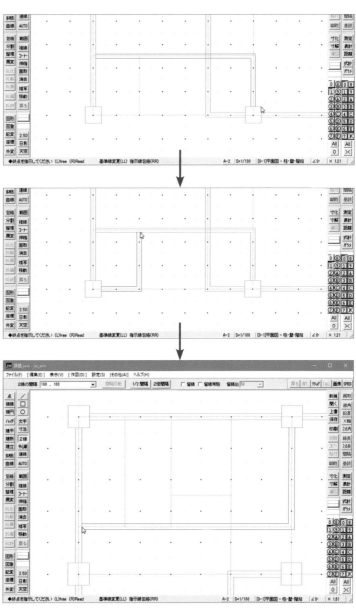

残りの内壁線は、終点位置を変えてかきます。

17 図の内部壁線は、作図済みの内部壁線の下辺まで通してかく（終点は基準線と壁線の交点）。

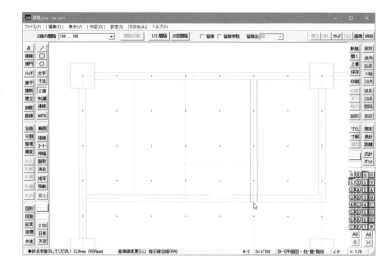

18 図の内部壁線は図のようにだいたいでかく（始点→終点ともグリッドにしなくてもよい）。

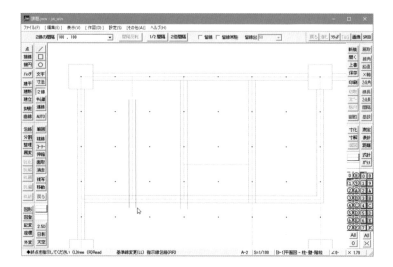

19 図の内部壁線も同様にだいたいでかく。

以上で、壁線の作図は一応完成です。必要に応じて上書き保存してください。

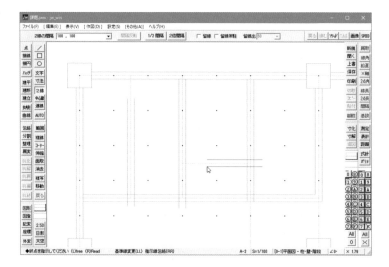

4.3.4 壁に開口部を作図

続いて、p.67の完成図例を参照し、壁に開口部をかきましょう。開口部は窓や戸を取り付ける基準となります。壁線の作図同様、同じ操作の繰り返しなので、要点のみ説明します。

まず、左上辺の壁に開口部の両端線をかきます。基準線を複線してかきます。

1 ツールバー「複線」を🖱する。

2 複線元の線として、まず図の基準線を🖱する。

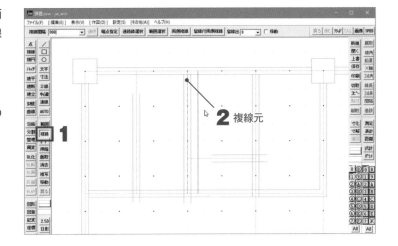

3 コントロールバー「複線間隔」に「300」と入力する。

4 右側に複線するので、図のようにマウスポインタを右に移動する（ここではまだ確定はしない）。

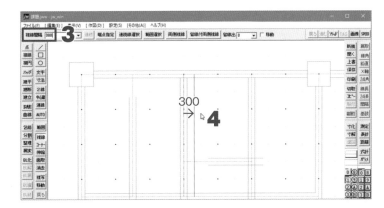

開口部は壁上にかくので、ここで「端点指定複線」機能を使います。

5 コントロールバー「端点指定」を🖱する。

6 端点指定複線の始点として、図の交点を🖱（右）する。

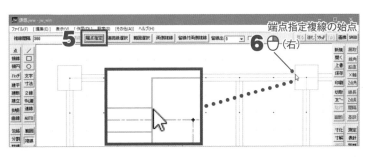

7 端点指定複線の終点として、図の交点を🖱（右）する。

8 基準線の右側で複線確定の🖱をする。

information

「端点指定複線」では複線の始点と終点を任意に変更できます。

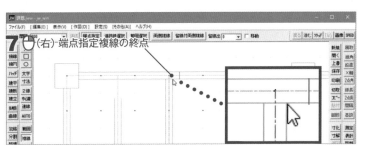

4章 配置図兼平面図の作図

9 前項でかいた線を、間隔600で右に複線する。

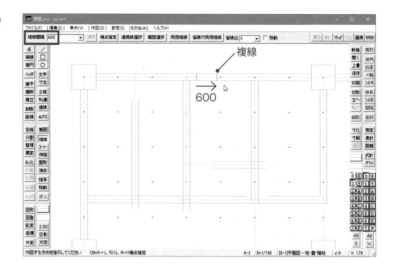

10 すぐ右の開口部は今作図した開口部と大きさと基準線からの距離が同じなので、「複写」コマンドにして、図のように対角線状に囲んで、コントロールバー「選択確定」をクリック。

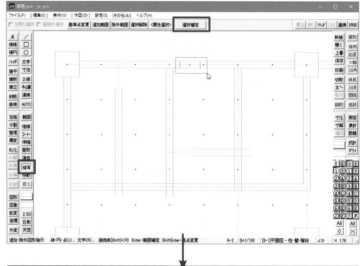

11 コントロールバー「基点変更」をクリックし、図のようにグリッドを🖱（右）。

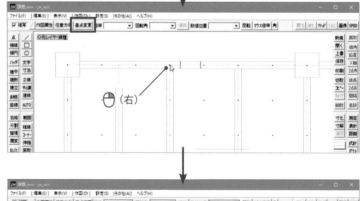

12 複写先として図のようにグリッドを🖱（右）。別のコマンドを選択して「複写」を解除する。

13 以下、同様の方法でp.67の図の寸法を確認して、開口部を作図する（→次ページ**14**）。

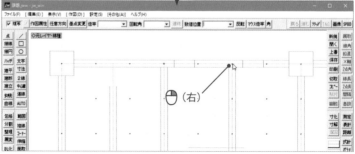

14 図のようにすべての開口部両端線をかく（一部、端点指定している）（→p.67）。

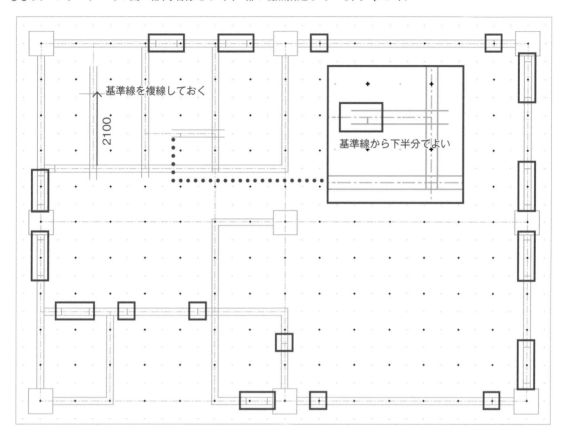

基準線を複線しておく

2100.

基準線から下半分でよい

開口部の両端線がかけたら不要な線を消去します。「消去」コマンドの「節間消し」機能が威力を発揮します。

15 ツールバー「消去」（メニューバー「編集」→「消去」）を🖱し、コントロールバー「節間消し」にチェックを付ける。

16 まず、図の壁線を🖱して開口部両端線間の線を消去する。

information

節間消しは🖱で行います。🖱（右）すると、線分全体が消去されます。

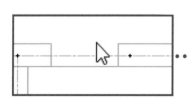

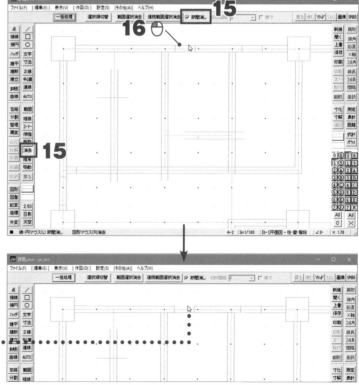

4章 配置図兼平面図の作図

17 同様に、図の部分の線を🖱して節間消しする。

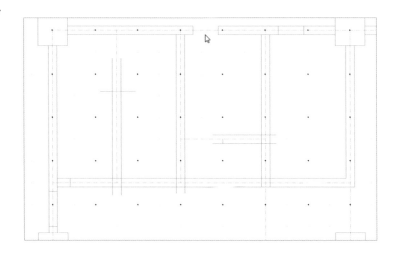

18 図のように、不要な開口部内の線を、節間消しなどの方法で消去する。

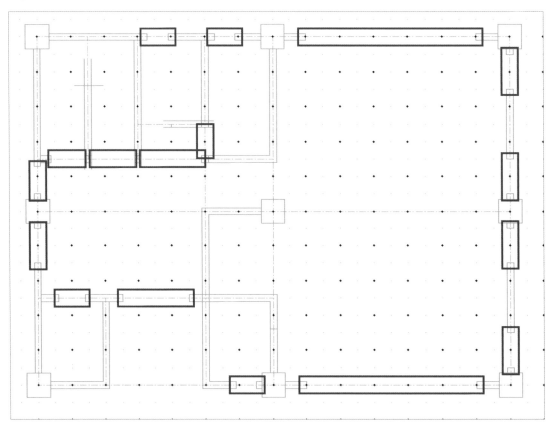

19 さらに、図のように、不要な柱と壁、壁と壁との境界線などを、節間消しなどの方法で消去する。

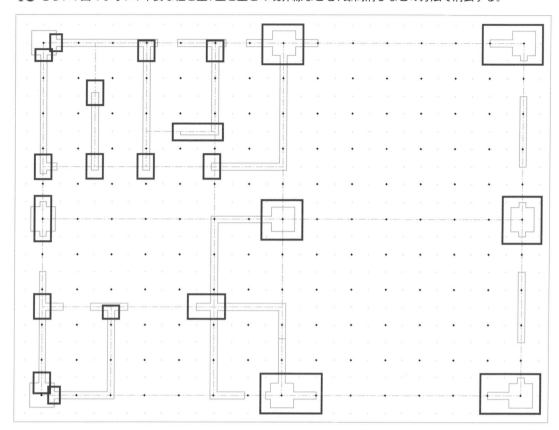

不要線の消去が続きます。下部
中央の給湯室の開口部は、「伸縮」
コマンドで壁を伸ばしてから、
不要な線を節間消しします。

20 ツールバー「伸縮」を🖱する。

21 伸ばす線を🖱して指示する。

22 伸ばす先の点として、図の
右上頂点を🖱（右）する。

図のように、**21**で指示した線が
伸びます。

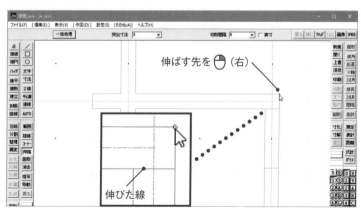

4章 配置図兼平面図の作図

続いて、不要な線を節間消しします。

23 ツールバー「消去」を🖱する。

24 コントロールバー「節間消し」にチェックを付ける（付いていれば確認だけ）。

25 図の線は給湯室の出入口になるので、🖱して消去する。

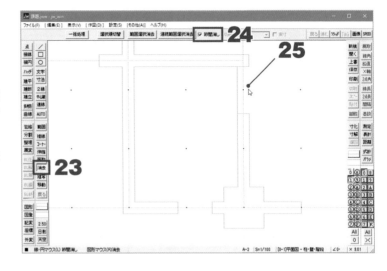

26 同様に、図の線も消去する。

27 節間消し作業が終わったので、必ずコントロールバー「節間消し」のチェックを外しておく。

多目的便所の開口部は線が1本足りないので、追加します。

28 ツールバー「／」（線コマンド）を🖱し、コントロールバー「水平・垂直」にチェックを付ける（付いていれば確認だけ）。

29 図のように、始点（グリッド）→終点（交点）を🖱（右）して、水平線を1本かく。

以上で壁開口部の作図が完了です。上書き保存してください。

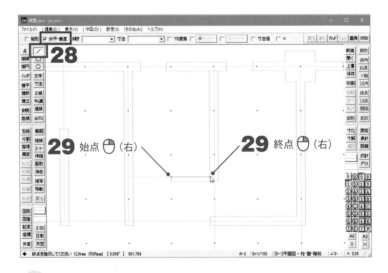

Ⓒ D CH4-03B.jww

4.3.5 階段の作図

続いて、p.67の完成図例を参照し、階段をかきましょう。本建築では、階段の踏面（ふみづら）を250mmとします。線属性のうち、線色を変更します。

1 線色を「線色1（水色）」に変更する（線種は実線のまま）（→p.64）。

「線」（／）コマンドおよび「複線」コマンドを使って、階段の踏面線をかいていきます。

2 「線」（／）コマンドの水平・垂直モードで、図の水平線（1段目の踏面線）をかく。

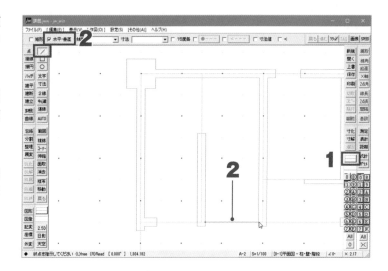

3 「複線」コマンドの間隔250で、**2**でかいた踏面線を上に複線する。この時、複線元の踏面線は一点鎖線の基準線と重なっているので、踏面線を指示するには「Ctrl」キーを押しながら（クリック）する。

information

複数の線が重なっていますが、グレーの基準線は表示のみレイヤにかかれている線なので、この場合は、上記のキー操作で書込レイヤの線が優先して選択されます。

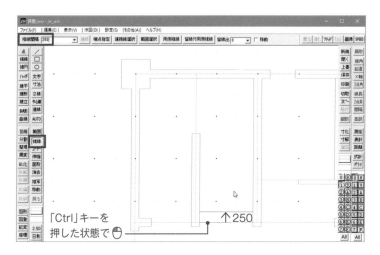

次の上段の踏面は等間隔なので、「連続複線」機能を使います。

4 コントロールバー「連続」を、計7回（クリック）する。

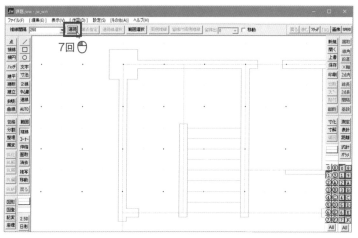

左側の階段上部の踏面線は、**4**で
かいた線をまとめて複写するこ
とでかきます。

5 ツールバー「複写」(メニュー
バー「編集」→「図形複写」) を🖱
する。

6 複写する6本の線を、矩形範囲
選択 (→p.49) で図のように指示
して選択する。

7 踏面線6本が選択されたら、コン
トロールバー「選択確定」を🖱
する。

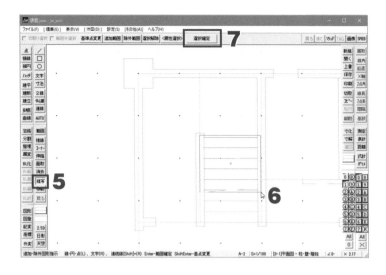

正確に複写するため、ここでは
「反転複写」機能を使います。

8 コントロールバー「反転」を🖱
する。

9 反転複写 (線対称複写) の基準
線を🖱する。

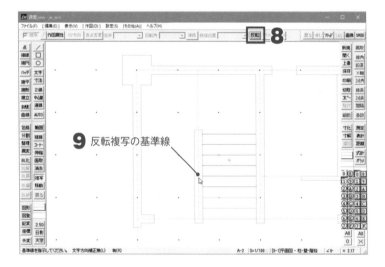

9 反転複写の基準線

図のように、うまく複写できま
した。複写モードを解除してく
ださい (→p.69)。

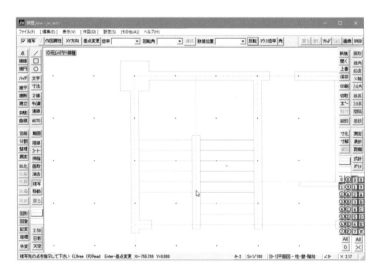

この後、昇り線や階段省略線を
かいて階段を仕上げます。かく
べき線は少ないですが、操作ス
テップは長くなるので、初めて
使うコマンドの操作方法のみ説
明し、他は要点を示します。階段
作図後の練習用データがあるの
で、ここでは手順を追うだけで
もけっこうです。

まず、階段省略線にする斜めの
線をかきます（後で変形処理しま
す→p.87）。

10 「線」（／）コマンドで、コン
トロールバー「水平・垂直」のチ
ェックを外し、図のように、踏面
3段にまたがる斜めの線をかく。

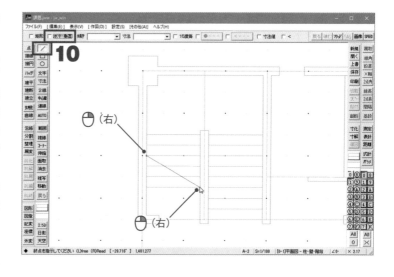

昇り線は踏面の中央にかくので、
「中心線」コマンドを使います。

11 ツールバー「中心線」（メニ
ューバー「作図」→「中心線」）を
🖱する。

12 ステータスバーの操作ガイ
ドに従い、中心線の基準とする2
本の壁線を順次🖱する。

中心線の2本目の基準線

中心線の1本目の基準線

13 中心線の始点として図の交
点を🖱（右）し、終点として図の
ようなだいたいの位置で🖱する。

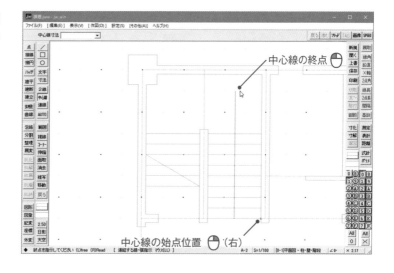

中心線の終点

中心線の始点位置　🖱（右）

4
章

配置図兼平面図の作図

14 次の中心線は90°曲がって水平線になるので、基準線として図の2本の線を順次指示する。

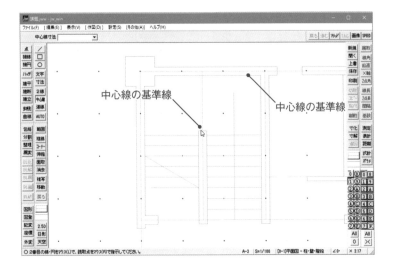

中心線の基準線

中心線の基準線

15 この中心線の始点と終点は、図のようなだいたいの位置でかけばよい（はみ出した線は後で正す）。

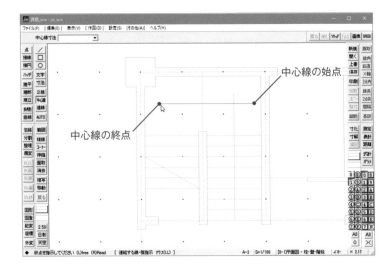

中心線の始点

中心線の終点

16 同様にして、次の中心線の基準線として、図の2本の線を順次指示する。

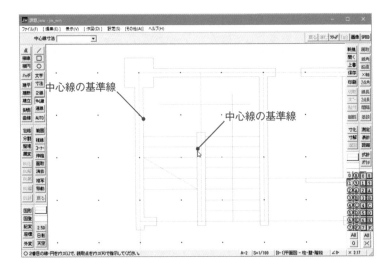

中心線の基準線

中心線の基準線

17 この中心線の始点と終点は、図のようなだいたいの位置でかけばよい（はみ出した線は後で正す）。

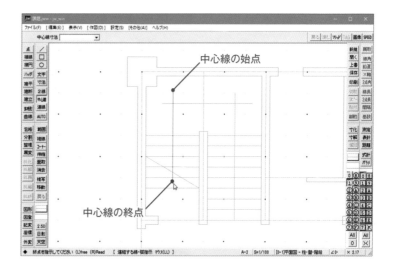

次に、3本かいた中心線のコーナーのはみ出しをきれいに正します。「コーナー処理」コマンドを使います。

18 ツールバー「コーナー」（メニューバー「編集」→「コーナー処理」）を🖱する。

19 コーナー処理する対象の線の1本目を🖱する（コーナーを作った時に線を残す側を指示する仕様になっているので、順序は無関係だが、残す側を🖱）。

20 コーナー処理する対象の線の2本目を🖱する。

図のように、正しくコーナーが作られます。

---

information

「コーナー処理」コマンドで指示する線の位置は、コーナーを作った時に線を残す側を指示します。

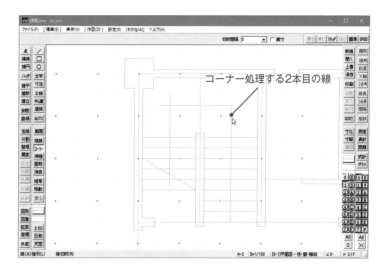

4
章

配置図兼平面図の作図

21 同様にして、左のコーナーも正す。

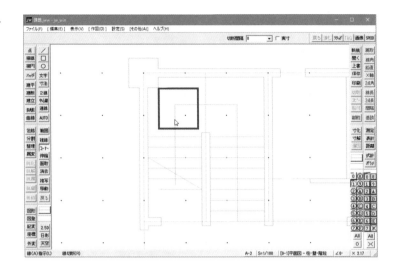

次に、昇り線末端のはみ出しを正します。

22 ツールバー「伸縮」を🖱️する。

23 伸縮する線を🖱️する。

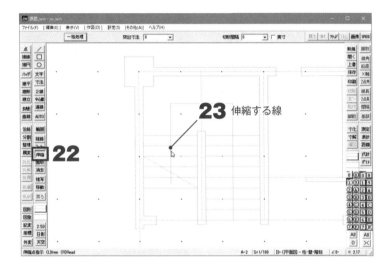

23 伸縮する線

22

24 伸縮点として、図の交点を🖱️（右）する。

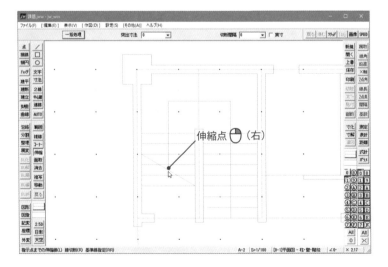

伸縮点🖱️（右）

次に、昇り線末端に矢印を付けます。「線」(／)コマンドでは、既存線の端部に矢印や●を付加することができます。

25 ツールバー「／」(線コマンド)を🖰する。

26 コントロールバー「＜」にチェックを付ける。

27 昇り線の、矢印に変える端点付近を🖰する(結果は次項の図を参照)。

28 作図後は、コントロールバー「＜」のチェックを外す。

ここで、p.83の**10**でかいた階段省略線を正しく変形します。Jw_cad特有の「線記号変形」機能を使います。線記号変形とは、Jw_cad専用の外部線記号変形データを読み込んで図面に貼り付ける機能です。貼り付け後、データの寸法を自在に変更(伸縮)できる(「パラメトリック変形」と呼ぶ)ことが特徴です。各種線、電気設備記号など、多数用意されています。

29 ツールバー「記変」(メニューバー「その他」→「線記号変形」)を🖰する。

30 線記号変形データを選択する「ファイル選択」ウィンドウが表示されるので、目的の線記号変形データが保存されている「jww」フォルダの「【線記号変形A】建築1」フォルダを選択し、右側の線記号変形データ一覧から「幅[1mm]」を🖰🖰する。

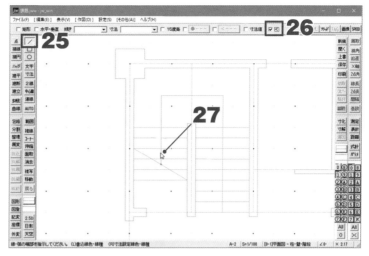
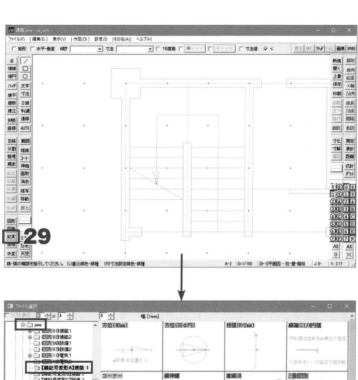
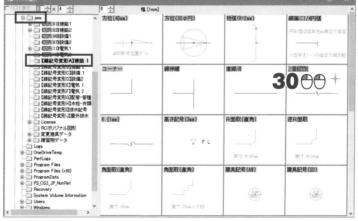

31 線記号変形「幅[1mm]」を貼り付ける線として、斜めの階段省略線を🖱する。

32 線記号が斜めの線上で自在に動くので、ジグザグ部分の位置として階段省略線と矢印の交点を🖱(右)して貼り付け位置を確定する。

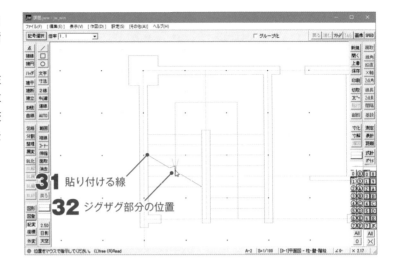

31 貼り付ける線

32 ジグザグ部分の位置

33 「消去」コマンドで、図の踏面線を🖱(右)して消去する。

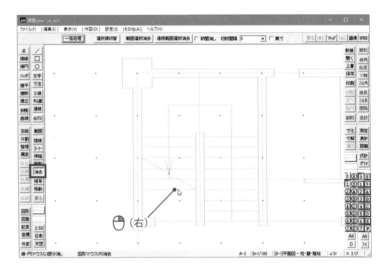

🖱(右)

次に、階段省略線の下側で、はみ出している踏面線を縮めて正します。

34 ツールバー「伸縮」を🖱し、縮める線の、線を残す側を🖱する(→p.52)。

35 縮める点として、図の交点を🖱(右)する。

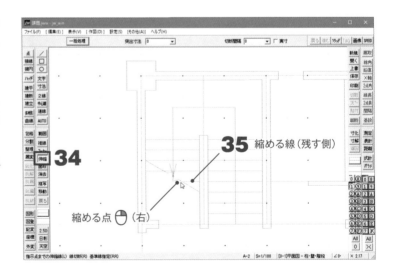

34

35 縮める線(残す側)

縮める点🖱(右)

36 同様にして、1つ上の踏面線も縮めて正す。

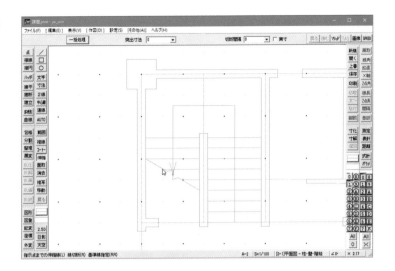

昇り線の始点（端点）に黒丸を付加します。ここは「点」コマンドを使います。黒丸なので線色を変更します。

37 線色を「線色2（黒色）」に変更する。

38 ツールバー「点」（メニューバー「作図」→「点」）を🖱する。

39 昇り線の始点（端点）を🖱（右）する（結果は次項の図）。

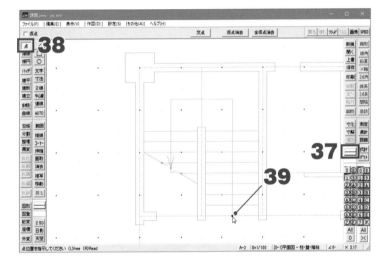

階段の内壁に手すりを表す線を追加します。本書での実習ではなくてもよい設備なので、手順詳細は省略します。

40 「複線」コマンドで、階段の手すり壁の各辺を、外側に間隔50で複線する。

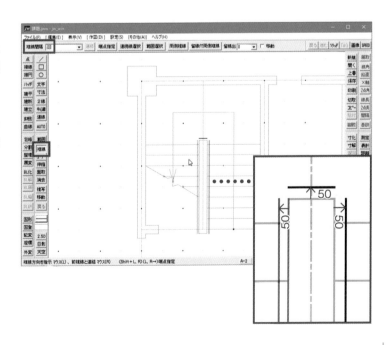

41 「コーナー処理」コマンド
で、3本の複線の2個所のコーナ
ーを連結して正す。

information

「コーナー処理」コマンドは、離れて
いる線どうしでも、連結してコーナ
ーを作ることができます。

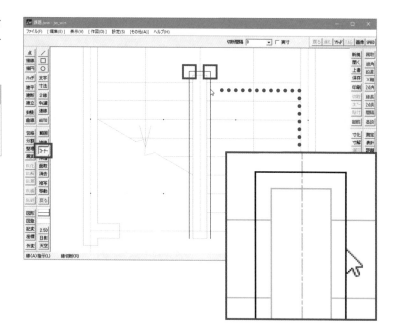

階段上部の手すり線も、階段省
略線で途切れさせます。

42 「伸縮」コマンドで、縮める
線として、図のあたりを🖰する。

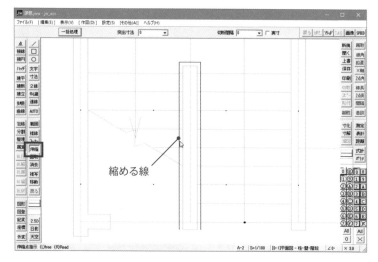

縮める線

43 縮める点として、図の交点
を🖰（右）する。

以上で壁開口部や階段の作図が
完了です。上書き保存してくだ
さい。

Ⓒ Ⓓ CH4-03C.jww

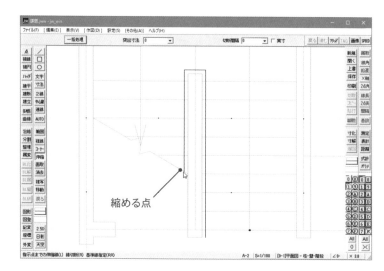

縮める点

4.4 開口部へ窓や戸の建具を作図

前4.3節で、壁に開口部の線をかいたので、ここでは開口部に窓やドアなどの建具をかき加えます。
建具は、通常、Jw_cadに標準添付されている建具平面データや図形データを読み込み貼り付けることで作図しますが、ここでは学習を兼ねて、多くの建具を自力で作図しましょう。

製図のポイント

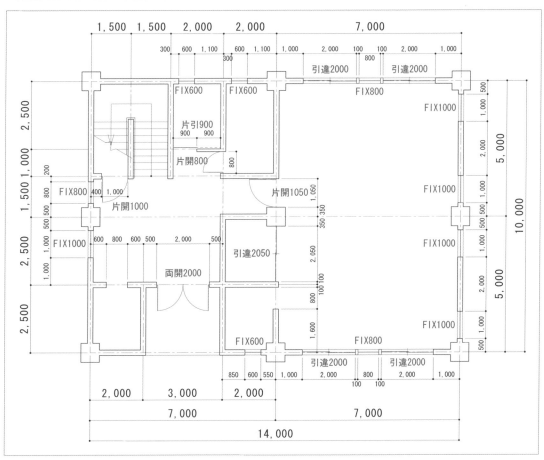

開口部建具の完成図例（赤色の線がここでかく建具。寸法や建具名称は作図時の参照用）

① 作図するレイヤは、0レイヤグループ「平面図」の2レイヤ「開口部」です（3章で設定済み）。

② 開口部の建具は、切断されている部分は極太線の実線（本書では「線色3（緑色）」「実線」）で、見えがかり部分は細線の実線（本書では「線色1（水色）」「実線」）で作図します。

③ 開口部の建具の作図位置および寸法・名称は、上記完成図例に示したとおりです。

④ 建具以外にも、各所に必要となる線をかき加えます。

4.4.1 引違い窓の作図（建具平面データの利用）

最初に、前ページの完成図例を参照しながら引違い窓（建具平面）をかきましょう。これまで学習してきたレイヤおよび線属性の設定方法やコマンドの操作方法の説明は省略しています。操作に迷う場合は、ステータスバーに表示される操作ガイドや、前4.3節までの説明を参照してください。

上辺右の壁開口部からかきます。

1 図面ファイル「課題.jww」（または「CH4-03C.jww」）を開く。

2 線色を「線色3（緑色）」に変更する（線種は実線のまま）。

3 2レイヤを書込レイヤに、書込レイヤだった1レイヤは表示のみレイヤに切り替える。

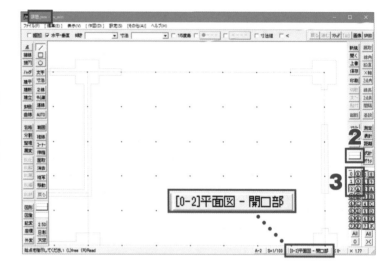

4 「□」コマンドを🖱、寸法「100, 200」にして、引違い窓とFIX窓が取り付く壁の開口部位置に、縦桟をかく。

5 図のようにグリッドを🖱（右）。

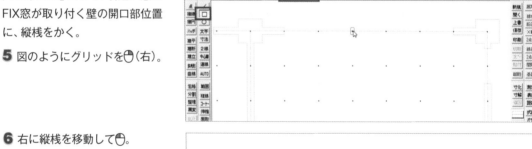

6 右に縦桟を移動して🖱。

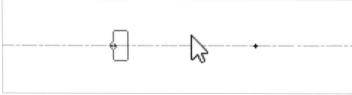

7 図のようにグリッドを🖱（右）。

8 左に縦桟を移動して🖱。

前ページでかいた開口部に、Jw_cadに標準添付の建具平面データ（パラメトリック変形可能）を貼り付けましょう。要領はp.87で行った階段省略線の線記号変形データの貼り付けと同様です。

9 ツールバー「建平」（メニューバー「作図」→「建具平面」）を🖱する。

10 建具平面データを選択する「ファイル選択」ウィンドウが表示されるので、建具データが保存されている「jww」フォルダの「【建具平面A】建具一般平面図」フォルダを選択する。

11 ウィンドウ右側の建具平面データ一覧から「[4]」を🖱🖱する。

12 建具平面データは線上に貼り付けるので、ここでは仮の貼り付け先として、図の基準線を🖱する。

引違い窓を正確に貼り付けるため、この建具平面データの基準点を変更します。

13 コントロールバー「基準点変更」を🖱する。

14 表示される「基準点選択」ダイアログで、中心の○を🖱して◉にする。

15 ダイアログが自動的に閉じるので、マウスポインタを引違い窓の中心位置（ここでは黒色グリッド）に合わせて🖱（右）する。

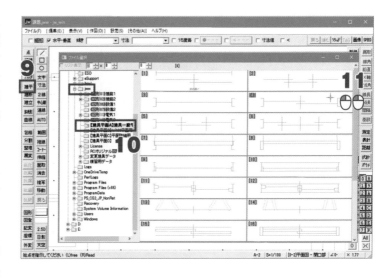

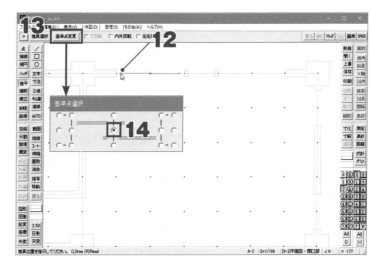

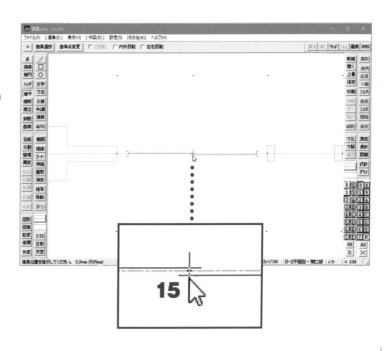

4章 配置図兼平面図の作図

建具平面データの「[4]」が、本建築で計画している窓の形状と異なる部分を変更します。

16 「消去」コマンドで、引違い窓両端のコの字部分の3本の短い線を順次🖱(右)して、すべて消去する（図は右端部の最後の1本を指示する場面）。

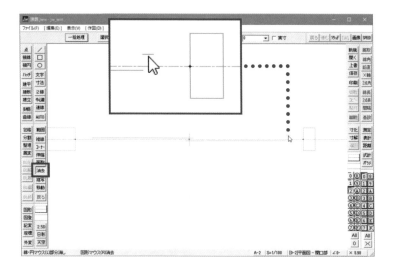

引違い窓の両端は壁に接続させます。

17 「伸縮」コマンドで、引違い窓両端を、それぞれ壁まで伸ばす（図は右端部を伸ばした場面）。

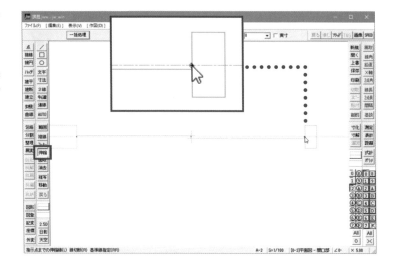

引違い窓の軸線を上下に少し伸ばします。

18 まず、軸線の両端部を決めるガイド線を「2線」コマンドで作成する。2線の間隔は「150，150」とし、2線の基準線は窓中央部の線とし、上下に図のような寸法の2線をかく（始点・終点、寸法はだいたいでよい）。

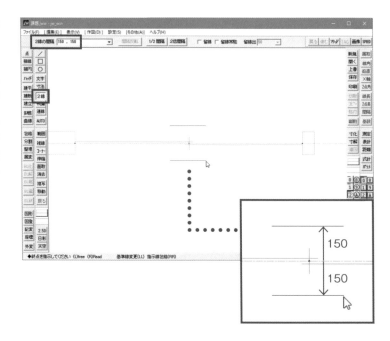

19 「伸縮」コマンドで、元の短い垂直軸線を、図のように、**18**でかいたガイド線まで上下とも伸ばす(図は下端を下のガイド線まで伸ばした場面)。

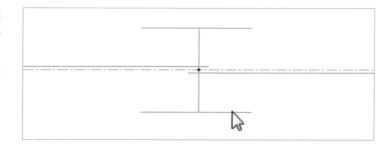

20 「消去」コマンドで、**18**でかいたガイド線を消去する(図は上のガイド線を消去する場面)。

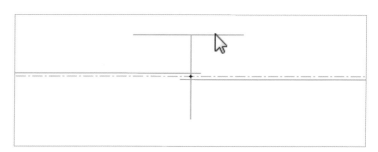

線色を変更して、かき終えた引違い窓に、「見えがかり線」を追加します。

21 線色を「線色1(水色)」に変更する(線種は実線のまま)。

22 「線」(／)コマンドの水平・垂直モードで、図のように、開口部上端間に見えがかり線としての水平線をかく。

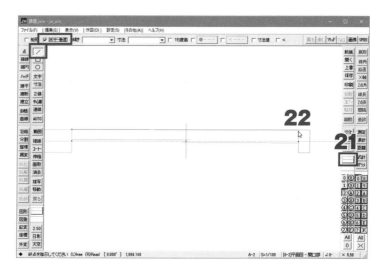

23 同様に、図のように、開口部下端間にも見えがかり線をかく。

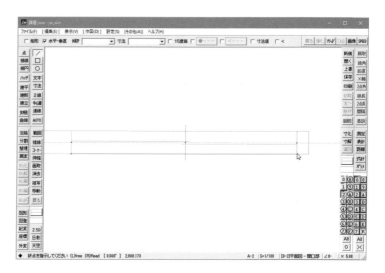

引違い窓の中央軸線の線色が見えがかり線の線色と異なるので、ここで揃えましょう。作図後に図形の線属性などを変更する「属性変更」コマンドを使います。

24 ツールバー「属変」(メニューバー「編集」→「属性変更」)を🖱する。

25 属性変更する線として、引違い窓の中央軸線を🖱する。

現在の線属性は「線色1（水色）」(→前ページ**23**)なので、軸線が緑色から水色に変わります。

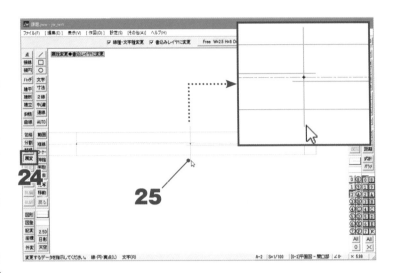

以上で、引違い窓が完成したので、同じ建具を貼り付ける他の個所（ここではすぐ右隣）には複写で貼り付けます。「複写」コマンドを使います（→p.82）。

26 ツールバー「複写」(図形複写コマンド)を🖱する。

27 図のように、矩形範囲選択で、作図した引違い窓全体を選択する。

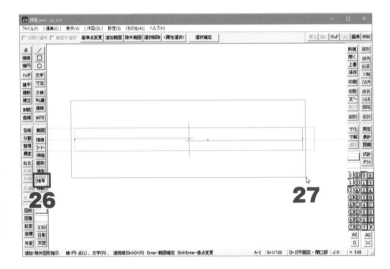

選択された線のうち右端の縦桟線は複写先に不要なので、図の選択状態から除外します。「追加・除外選択」機能を使います。

28 図のように、**27**の選択状態で、右端の縦桟線を🖱する。

29 選択を確定する。

information

「図形複写」「図形移動」コマンドなどの矩形範囲選択で図形が選択されている状態の時、個別の線を🖱すると、その線を選択に追加したり選択から除外したりできます。この場合は選択されている線を🖱するので、「除外」となります。

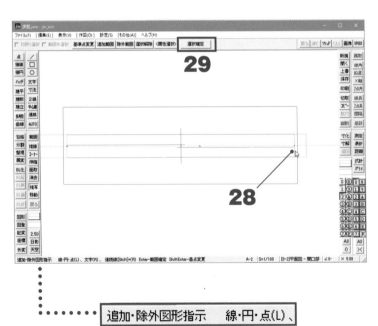

追加・除外図形指示　線・円・点(L)、

このままでは複写先を指示しにくいので、複写図形の基準点を変更します。

30 コントロールバー「基準点変更」を🖱する。

31 新しい基準点として、図のように、下側の見えがかり線左端を🖱(右)する。

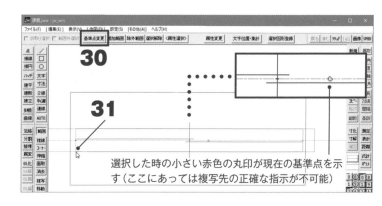

選択した時の小さい赤色の丸印が現在の基準点を示す(ここにあっては複写先の正確な指示が不可能)

32 複写先として、右隣の壁開口部の図の頂点を🖱(右)する。

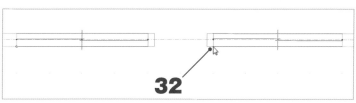

33 同様にして、作図を終えた2つの引違い窓をまとめて選択し、基準点を変更し、下辺右の壁開口部に複写する。

建具選択

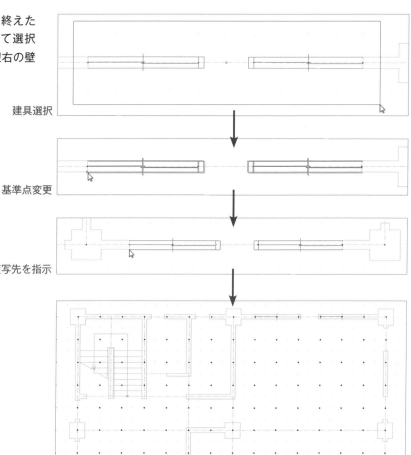

基準点変更

下辺の同位置にある複写先を指示

4章

配置図兼平面図の作図

4.4.2 FIX窓の作図

FIX窓は自力で作図します。構造は単純ですが、ガラス窓を表現する線を1本かき加えます。寸法の短い方から順番にかいていきましょう（FIX600mm→FIX800mm→FIX1000mm）。

まず、上辺のFIX600の位置をかきます。

1 線色1（水色）のまま、「線」（／）コマンドの水平・垂直モードで、図の位置に見えがかり線を上下2本かく（図は下をかき終える場面）。

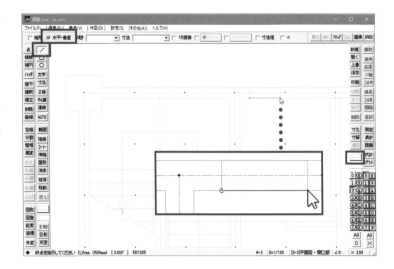

ガラスを表現する線を追加します。線色を変更します。

2 線色3（緑色）に変更する。
3 図の位置にガラス線とする水平線をかく。

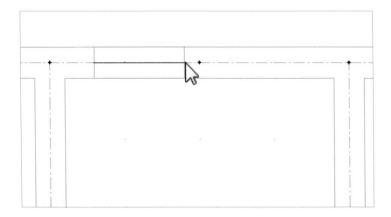

FIX600がかけたので、同じ建具を貼り付ける他の位置すべてに複写します。操作要領は前項と同様です。

4「複写」コマンドで、最初にかいたFIX600を矩形範囲選択する。

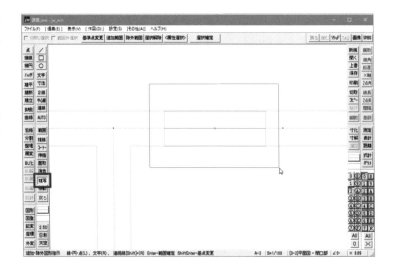

5 基準点位置が都合悪いので、左下頂点に変更する。

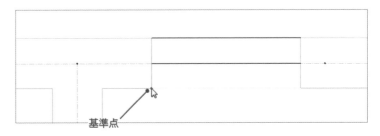

基準点

6 まず、内壁をはさんで右隣の壁開口部に複写する。

複写先

7 次に、下辺の壁開口部にも複写する。

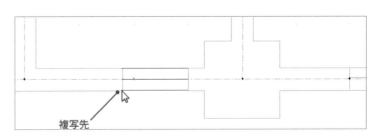

複写先

次はFIX800の作図です。構造はFIX600と同じなので、FIX600を複写して、線を200伸ばすことでかき上げます。なお、伸ばす3本の線の伸ばす先が同じ位置なので、「連続伸縮」機能を使います。

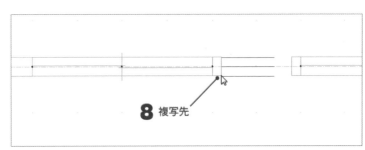

8 複写先

8 FIX600の図形複写モードが続いているので、そのまま上辺の壁開口部のFIX800取り付け位置に複写する。

9 ツールバー「伸縮」を🖱する。

10 伸ばす先の基準線として、図のように右に離れている縦桟線を🖱🖱（右ダブル）する。

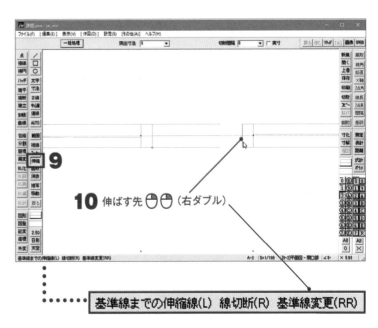

9

10 伸ばす先 🖱🖱（右ダブル）

基準線までの伸縮線(L) 線切断(R) 基準線変更(RR)

11 伸ばす3本の線を順次⊕する。

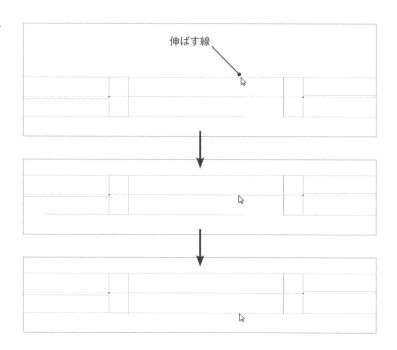

伸ばす線

FIX800がかけたので、同じ建具を貼り付ける他の位置すべてに複写します。

12 「複写」コマンドで、**11**でかいたFIX800を矩形範囲選択する。

13 両端の縦桟線を除外する。

14 選択を確定する（→p.82）。

15 基準点を左下に変更する。

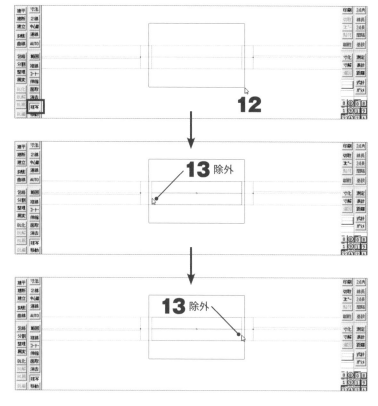

12

13 除外

13 除外

基準点

16 下辺の壁開口部に複写する。

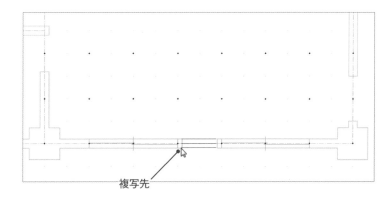

複写先

続いて、左辺は縦配置になるので、「回転複写」機能を使います。

17 続けて、コントロールバー「回転角」右の▼ボタンを🖱して、表示されるメニューから「90」を🖱して選択する。

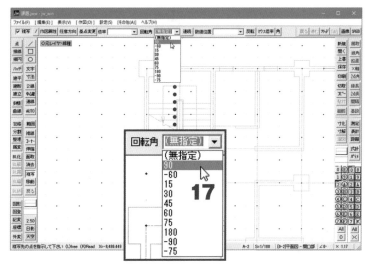

information

作図時の数値入力ボックスには、上記の▼ボタンが用意されていて、開くメニューには、その項目における一般的な数値や過去にユーザーが入力した数値が登録されるようになっています（これを「既定値」や「入力履歴」と呼びます）。この場合、「90」をキー入力する方が簡単ですが、学習の意味で紹介しました。なお、メニュー最上段の「（無指定）」とは、空欄または「0」と同意です。

18 図の位置に複写する。

19 コントロールバー「回転角」右の▼ボタンを🖱して、表示されるメニューから「（無指定）」を🖱して（または空欄にするか「0」を入力）元に戻す。

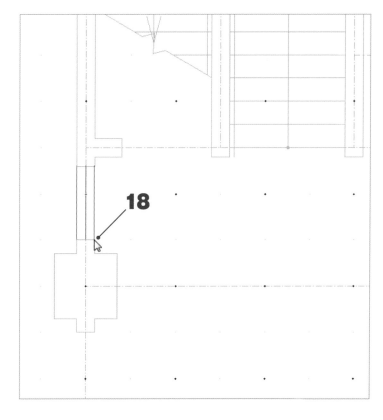

4章 配置図兼平面図の作図

次はFIX1000の作図です。FIX
800の場合と同様、FIX800を複
写し、線を200伸ばすことでかき
上げます。左辺からかきます。

20 前ページのFIX800（縦配
置）の図形複写モードのまま、図
の位置に複写する。

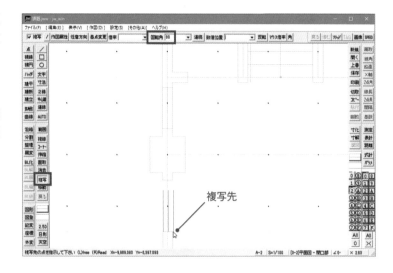

複写先

21 「伸縮」コマンドで、p.99と
同様の連続伸縮機能を使い、
3本の線を上部壁線まで伸ばす。

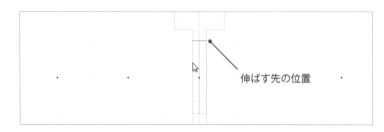

伸ばす先の位置

22 「複写」コマンドで、完成し
たFIX1000を矩形範囲選択す
る。

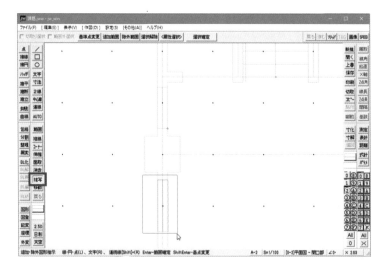

23 基準点を図の頂点に変更す
る。

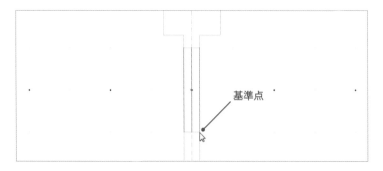

基準点

24 右辺上部の2個所の壁開口
部に複写する。

25 右辺下部の2個所の壁開口
部に複写する。

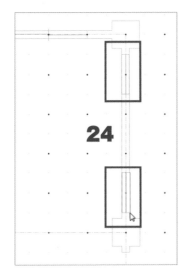

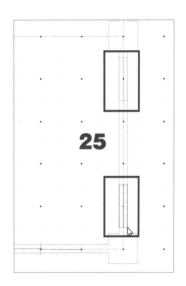

以上でFIX1000の作図は完了で
す。

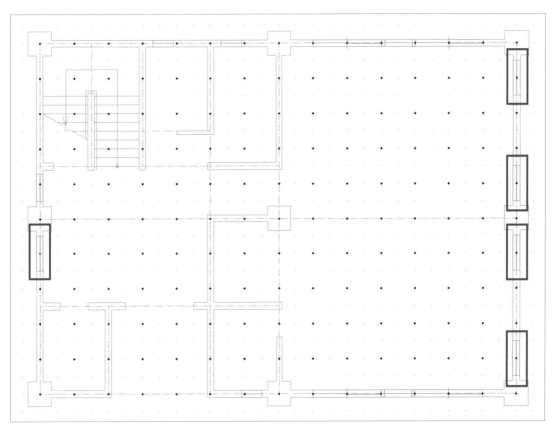

4.4.3 玄関の両開き戸を作図

続いて、玄関の両開き戸を作図します。開きの動線（軌跡）は円弧で表現するので少々面倒な作図になりますが、コツをつかんでください。

まず、両開きの中心位置にするガイド線を、「中心線」コマンドでかきます。

1「中心線」コマンドで、中心線の基準線2本を順次🖱する。

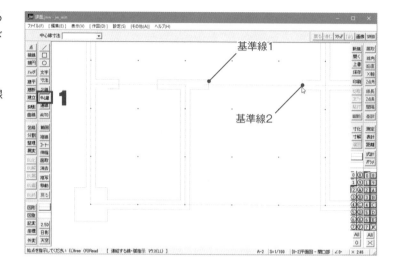

2 図のように、始点→終点をだいたいの位置で中心線をかく。

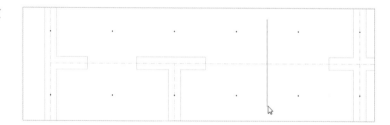

両端に、開いた状態の戸板にする線をかきます。

3 まず、「複線」コマンドで、左の壁線を間隔40で右に複線する。

開きの動線（軌跡）をかきます。線色を変更します。

4 線色1（水色）に変更する。

5 ツールバー「○」（メニューバー「作図」→「円弧」）を🖱する。

6 コントロールバー「円弧」にチェックを付ける。

7 円弧（円）の中心として、図の交点を🖱（右）する。

8 マウスポインタを右方向に移動して仮の赤色の円を拡げ、円周と円弧の始点を兼ねる図の交点を🖱(右)する。

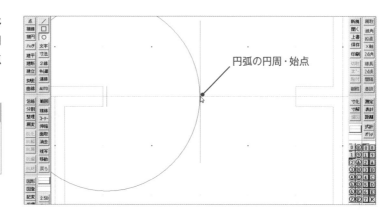

円弧の円周・始点

9 マウスポインタを左下方向に移動して、円弧の終点として、図のようなだいたいの位置を🖱する(この後、戸板線と連結するので、ここはだいたいでよい)。

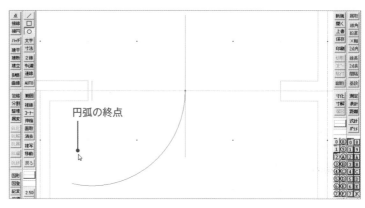

円弧の終点

戸板の線(**3**)と開きの動線(**9**)を連結させます。

10 「コーナー処理」コマンドで、**3**で複線した戸板の線を🖱する。

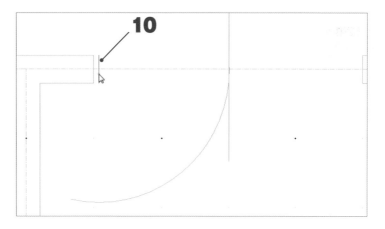

10

11 **9**でかいた開きの動線を🖱する。

図のように、片方の開き戸が完成です。

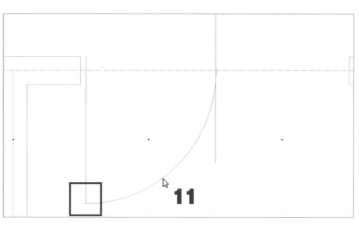

11

4章 配置図兼平面図の作図

戸板線上端の無用なはみ出しを
消去します。

12 ツールバー「伸縮」を🖱️する。

13 伸縮する線を🖱️する。

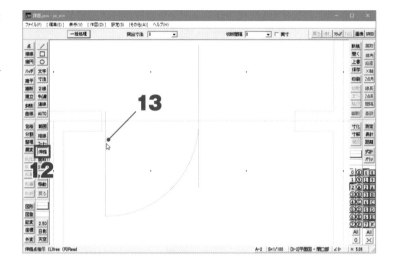

14 伸縮する点を🖱️(右)する。

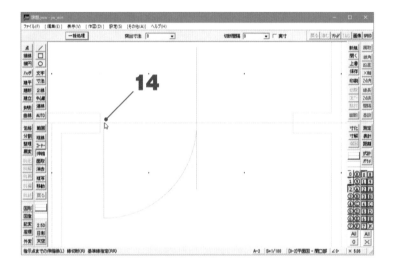

反対側の開き戸をかきます。形
状が同じで反対向きになるので、
「反転（線対称）複写」機能を使い
ます。

15 ツールバー「複写」を🖱️す
る。

16 開き戸全体を矩形範囲選択
し、コントロールバー「選択確
定」を🖱️する。

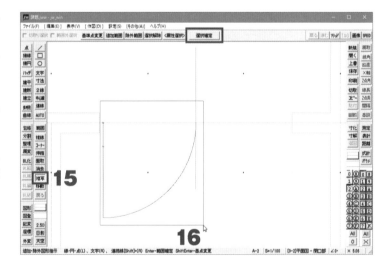

17 コントロールバー「反転」を 🖱 する。

18 反転（線対称）複写の基準線として、**2**でかいた中心線のガイド線を 🖱 する。

図のように複写されます。

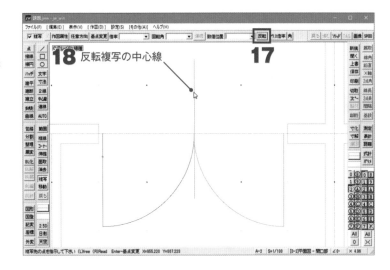

19 「消去」コマンドで、不要になった中心線のガイド線を消去する。

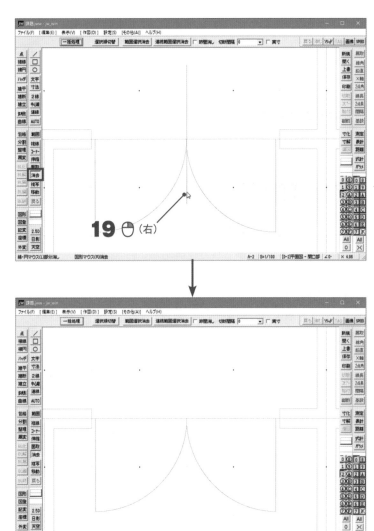

4.4.4 玄関ポーチの段差線を作図

ここで玄関ポーチの段差線をかいてしまいます。水平線を1本かくだけです。

1「線」（／）コマンドの水平・垂直モードで、図の外壁頂点間に水平線を渡す。

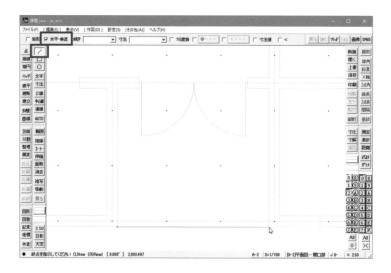

4.4.5 片開き戸の作図

再び建具の作図です。3個所に片開き戸（建具）を作図します。

別々の3個所に開いた状態の戸板にする線をかきます。まず、階段下倉庫の戸からかきます。

1 線色3（緑色）に変更する。

2 p.104の両開き戸と同様に、「複線」コマンドで、左の壁線を間隔40で右に複線する。

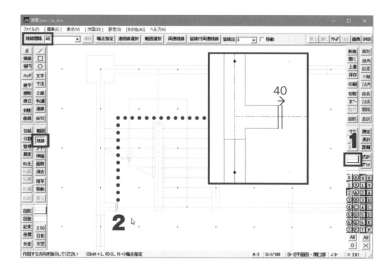

3 同様に、女子便所の内壁線を
間隔40で上に複線する。

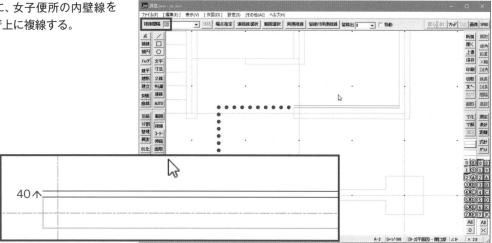

4 同様に、事務室前の壁線を間
隔40で下に複線する。

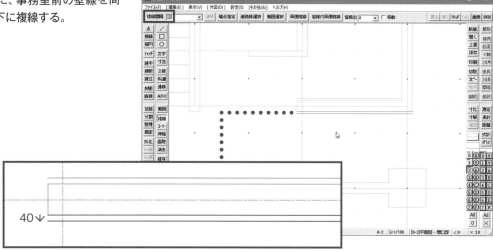

4
章

配
置
図
兼
平
面
図
の
作
図

3個所に、開きの動線（軌跡）をか
きます。線色を変更します。ま
ず、階段下倉庫の戸からかきま
す。

5 線色1（水色）に変更する。

6「円弧」（○）コマンドの円弧モ
ードで、円弧の中心として、**2**で
複線した戸板線と基準線の交点
を🖱（右）する。

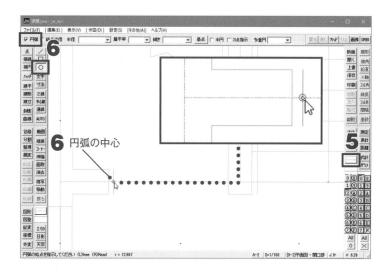

7 円弧の円周および円弧の始点
として、図の交点を🖱(右)する。

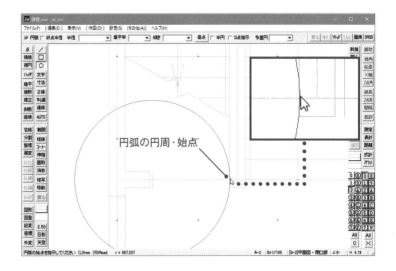

8 円弧の終点として、図のあた
り(だいたいでよい)で🖱する。

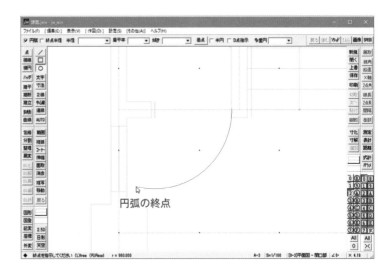

9 同様にして、女子便所入口の
戸板部分にも、中心→円周/始
点→終点の順に指示して、円弧
をかく。

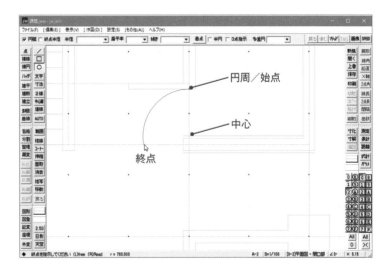

10 同様にして、事務室入口の
戸板部分にも、中心→円周／始
点→終点の順に指示して、円弧
をかく。

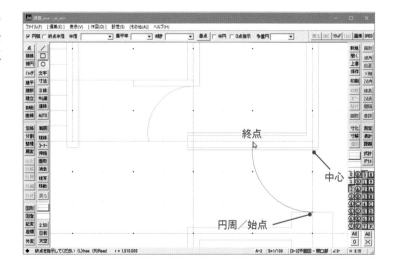

11 「コーナー処理」コマンドで、
3個所にかいた片開き戸部分の、
戸板の線と開きの動線を連結さ
せる（→p.105）。

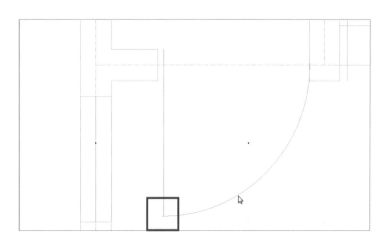

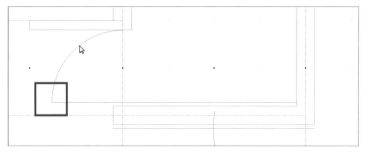

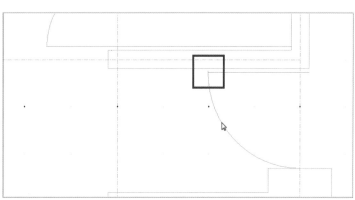

12 「伸縮」コマンドで、3個所に
かいた片開き戸端の無用なはみ
出し線を縮めて消去する
(→p.106)。

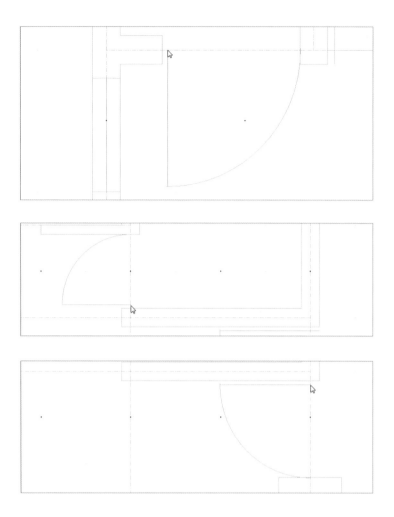

4.4.6 多目的便所の片引き戸を作図

続いて、多目的便所の片引き戸を作図します。

まず、戸袋線をかきます。

1 線色1(水色)、点線2に変更する。

2 p.104の両開き戸と同様に、「複線」コマンドで、図の基準線を間隔50で上に端点指定複線する。

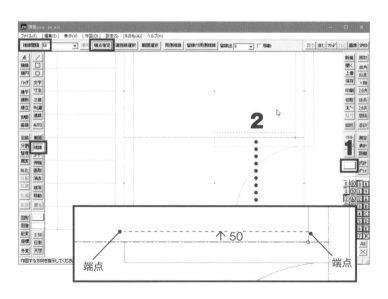

続いて、引き戸の線をかきます。

3 線色3（緑色）、実線に変更する。

4「線」（／）コマンドの水平・垂直モードで、図のように、**2**でかいた戸袋線の延長線上に水平線をかく。

片引き戸の表現は簡単です。以上で完成です。

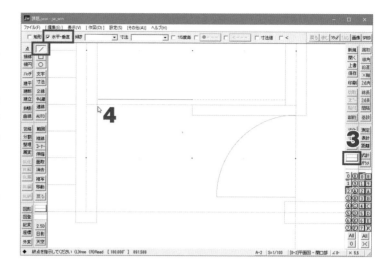

4.4.7 事務室内倉庫の引違い戸を作図

続いて、事務室内倉庫の引違い戸を作図します。作図済みの引違い窓を利用して加工します。

引違い戸なので中心位置が必要です。まず、そのガイド線を「中心線」コマンドでかきます。作図方法はp.104の両開き戸と同じです。

1「中心線」コマンドで、図の位置に適当な寸法の中心線（ガイド線）をかく。

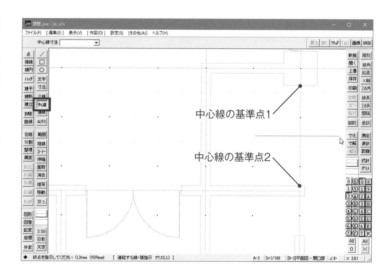

中心線の基準点1

中心線の基準点2

引違い戸は、p.96で作図した引違い窓を流用して加工します。

2「複写」コマンドで、引違い窓（ここでは上辺右部のもの）を矩形範囲選択する。

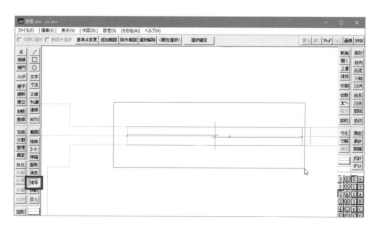

3 右端の垂直線および上下の水平線の計3本の線は不要なので、個別に🖱️して選択から除外する。

4 選択を確定する（→p.82）。

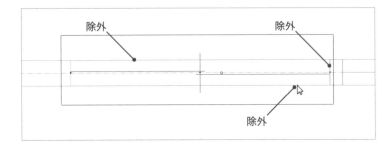

除外　除外　除外

5 選択した図形の基準点を、図のように中心位置に変更する。

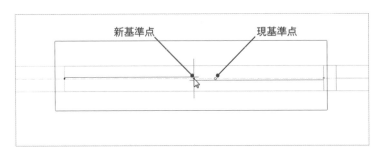

新基準点　現基準点

配置方向が違うので、回転複写します（→p.101）。

6 「複写」コマンドで、コントロールバー「回転角」を「90」にする。

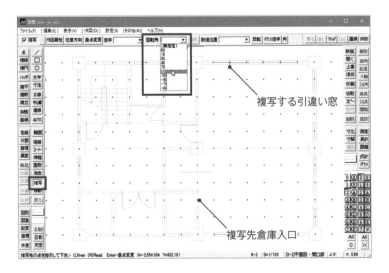

複写する引違い窓

複写先倉庫入口

7 複写先として、**1**でかいたガイド線と基準線の交点を🖱️（右）する。

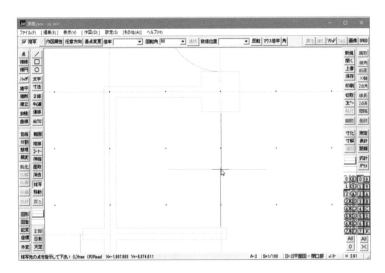

8 「消去」コマンドで、不要になったガイド線を消去する。

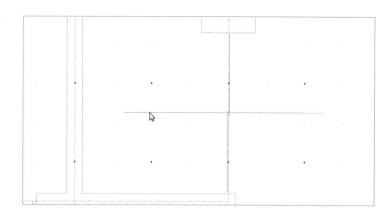

引違い戸の線が上下の柱や壁に接続していないので、これを正します。

9 「伸縮」コマンドで、伸ばす先として、上にある柱の線を🖱🖱（右ダブル）する（→p.99）。

10 伸ばす引違い戸の上側の線を🖱する。

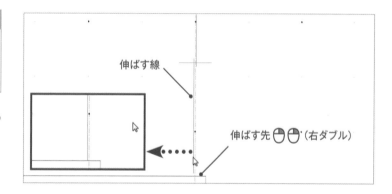

9 伸ばす先 🖱🖱（右ダブル）

10 伸ばす線

information

ここでは、通常の伸縮方法ではなく、連続伸縮方法（→p.99）で行っています。連続伸縮をしない場合でも、この方が便利な場合があります。

11 同様に、引違い戸の下側の線を下の壁線まで伸ばす。

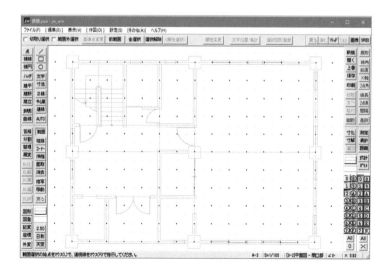

伸ばす線

伸ばす先 🖱🖱（右ダブル）

以上でこの4.4節の建具などの作図は完了です。これで1階平面図が完成です。

12 上書き保存する。

Ⓒ Ⓓ CH4-04.jww

4
章
配置図兼平面図の作図

4.5 1階平面図を複写して変更し、2階平面図を作図

1階平面図を複写し、開口部や間仕切りなど、1階と異なる個所だけを変更して2階平面図とします。こうすることで、新規に作図するよりも時間を大幅に短縮でき、かつ正確な図面になります。なお、これまで学んできた作図操作方法の説明は省略していきます。

製図のポイント

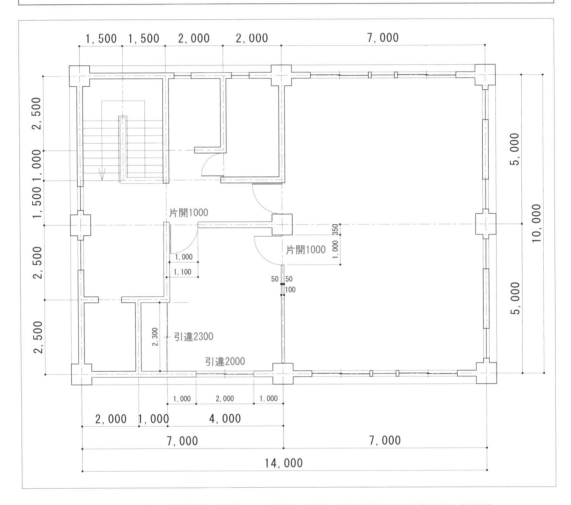

2階平面図の完成図例（赤色の線がここで作図する部分。寸法や建具名称は作図時の参照用）

① 作図するレイヤは、0レイヤグループ「平面図」の2レイヤ「開口部」のままです（3章で設定済み）。
② ここまで作図した1階平面図全体を平行に複写して、必要に応じて基準線を伸縮したり、壁を消去・追加します。
③ 不要な建具は消去し、必要な建具を追加します。
④ 2階平面図にかく階段は、途中で切れることなくすべて見せます。また、手すり壁は見えがかり線になるので「線種1（水色）」「実線」に変更します。

4.5.1 1階平面図の複写

2階平面図の基図にする1階平面図を、図面上の空いているスペースに丸ごと平行に複写します。

まず、1階平面図をかいた図面ファイルを開いて準備します。

1 図面ファイル「課題.jww」（または「CH4-04.jww」）を開く。

2 書込レイヤを2レイヤに、0レイヤと1レイヤを編集可能レイヤに切り替える。なお、書込レイヤグループは0のまま変更しない。

3 線属性を「線色3（緑色）」「実線」に設定（または確認）する。

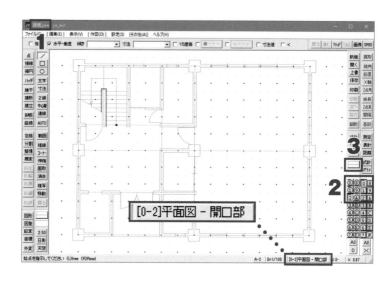

4 「複写」コマンドで、1階平面図全体を選択し、コントロールバー「選択確定」を🖱する。

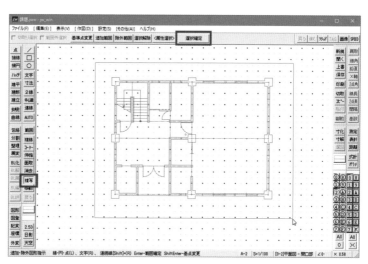

5 コントロールバー「基点変更」を🖱し、複写の基準点を左下隅の柱中心に変更する。

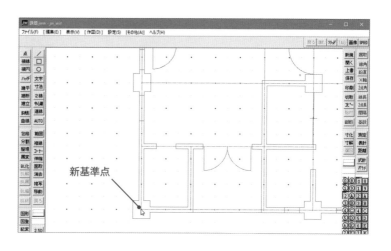

新基準点

4章 配置図兼平面図の作図

6 画面を右の方の空きスペース
に移動し、1階平面図の複写先と
して、平行位置にある図の黒色グ
リッド点を🖱(右)する。

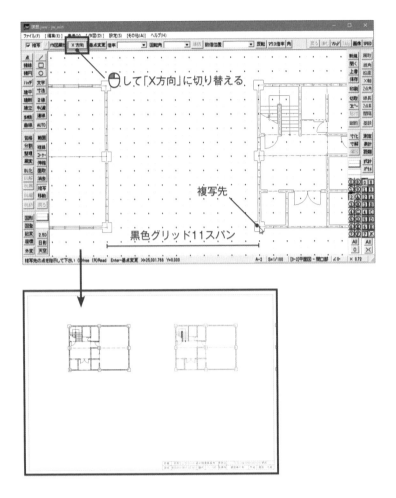

して「X方向」に切り替える.

複写先

黒色グリッド11スパン

ここから、右に複写した1階平面
図を2階平面図に変更していき
ます。まず、基準線を2階用に変
更します。「伸縮」コマンドを使
いますが説明は省略するので、
戸惑う場合は前4.4節までを復習
してください(→p.52など)。

7「伸縮」コマンドで、図の2個所
の基準線を伸縮する。

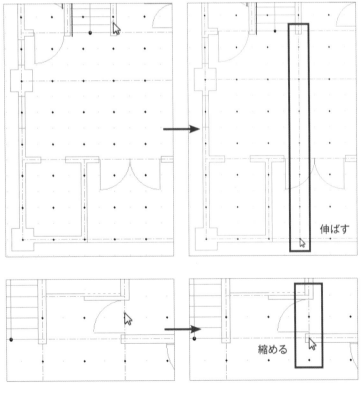

伸ばす

縮める

4.5.2 建具や、壁・階段の線を整理

次は、建具や、壁と階段の線を整理します。

まず、不要な建具を消去します。

1 0レイヤを表示のみレイヤに切り替える。

2 「消去」コマンドで、階段下倉庫および玄関の開き戸、倉庫の引き戸を消去する。

information

「消去」コマンドにはコントロールバーに「範囲選択消去」機能がありますが、この程度の線ならば、線を1本ずつ🖱️(右)する方が簡単です。

引き続き、「消去」コマンドの節間消しなどで、不要な壁や階段省略線などを消去します。

3 図の薄い赤色の線で示した部分の壁や建具の線、点を消去する。

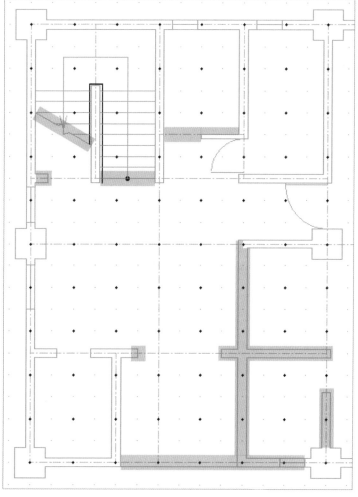

4章 配置図兼平面図の作図

2階平面図に必要な外壁と開口部を新たに追加して作図します。

4 1レイヤを書込レイヤに切り替える。

5 玄関の階上位置に、「複線」コマンドの端点指定複線で、図の垂直線をかく。

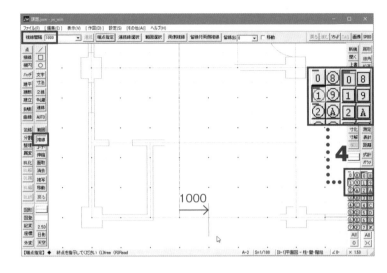

6 続けて、さらに図のように複線する。

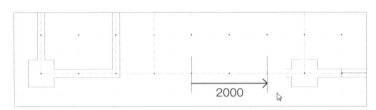

7 図のように、**6**でかいた複線と右の柱から出る水平線を、「コーナー処理」コマンドでコーナーを作っていく。

8 続けて、少し左に移動して、図の2個所にもコーナーを作る。

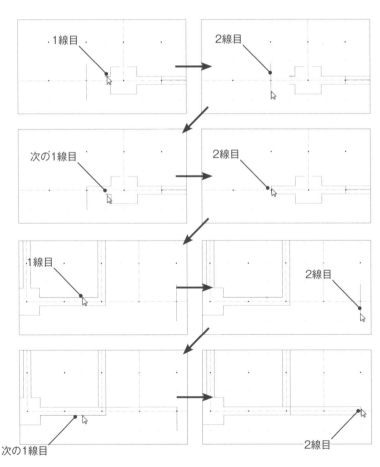

図のように、T字型の壁交差部分は「包絡処理」コマンドを使うと1回の操作で不要な線が消去できます。

9 ツールバー「包絡」(メニューバー「編集」→「包絡処理」)を選択する。

10 図のように矩形範囲選択する。

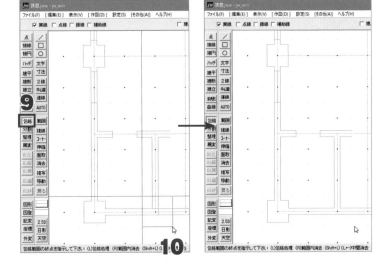

続いて、内壁と開口部を新たに作図します。

11 「2線」コマンドで、図の内部基準線から、間隔「100,100」で振り分けの2線をかく(始点→終点は適当で可)。

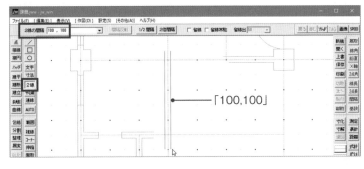

「100,100」

12 「複線」コマンドで、**11**でかいた2線の右側の線を、間隔「1000」で右側に端点指定複線する(始点→終点は適当で可)。

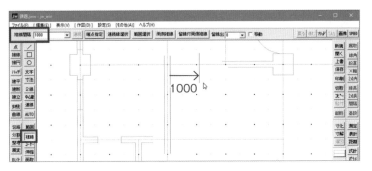

1000

13 「コーナー処理」コマンドで、**11**でかいた2線と、その左下にある内壁線でコーナーを作る(2個所とも)。

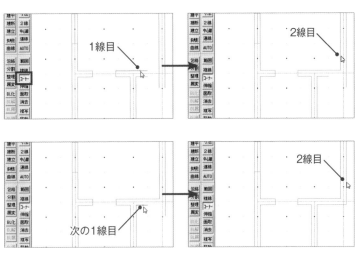

1線目

2線目

次の1線目

2線目

4章 配置図兼平面図の作図

14 続けて同様にして、**11**でかいた2線と、その右上にある内壁線でコーナーを作る（**13**と違い袋型にはしない→結果は次項の図）。

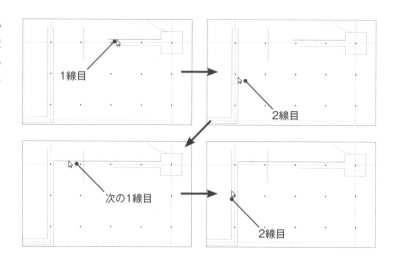

1線目

2線目

次の1線目

2線目

ここで線の一部を消去しますが、「節間消し」ではなく「部分消し」機能を試してみましょう。

15 ツールバー「消去」を🖱する。

16 コントロールバー「節間消し」のチェックを外す（外れている場合は確認のみ）。

17 部分消去する図の線を🖱する。

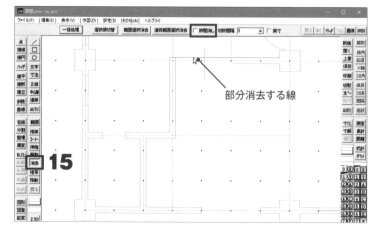

部分消去する線

18 部分消去範囲の始点→終点を順次🖱（右）する。

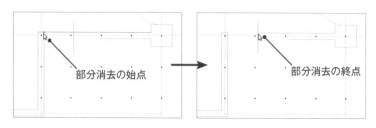

部分消去の始点

部分消去の終点

19 「コーナー処理」コマンドで、図の2本の線でコーナーを作る。

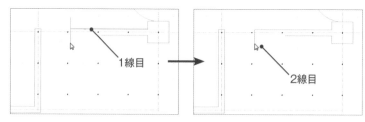

1線目

2線目

20 続けて、図の2本の線でコーナーを作り、内壁を袋型にする。

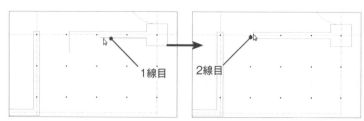

1線目

2線目

引き続き、間仕切り壁と開口部を新たに作図していきます。

21 「コーナー処理」コマンドで、図の途切れた柱線を連結する。

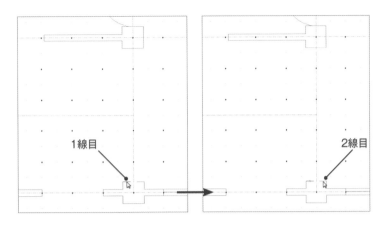

1線目　2線目

22 「複線」コマンドで、図の柱の線を間隔1000で下に複線する。

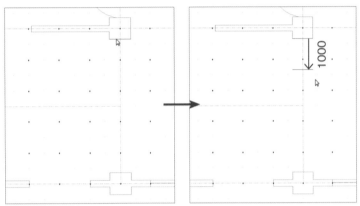

1000

ここの壁だけは非耐力壁のため（構造壁ではないので）、壁厚100としています。したがって、2線の間隔は「50,50」の振り分けになります。

23 「2線」コマンドで、コントロールバー「2線の間隔」を「50,50」に設定し、図の基準線を2線の基準線として下側の柱の線から**22**で複線した線まで2線をかく。

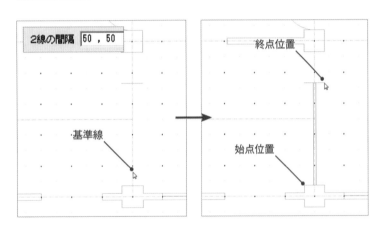

2線の間隔　50 , 50

終点位置
基準線
始点位置

24 「コーナー処理」コマンドで、図の壁上端部を袋型に正す。

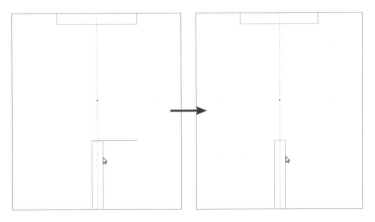

4章 配置図兼平面図の作図

25 続けて「コーナー処理」コマンドで、階段左の外周壁の途切れた線を連結する。

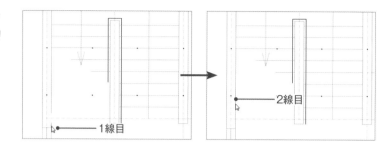

階段は、段を追加し、手すり壁を見えがかりにします。

26 線色1（水色）、実線にする。

27 ツールバー「属変」（「属性変更」コマンド）を🖱する。

28 階段の手すり壁の4辺を順次🖱して、線色1（水色）に変更する。

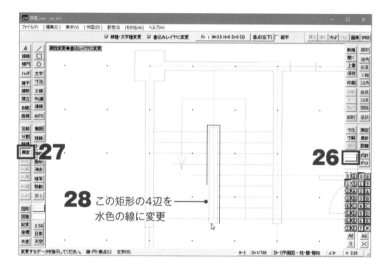

28 この矩形の4辺を水色の線に変更

29 「伸縮」コマンドで、階段の手すり壁下辺を右に伸ばし、水平線を1本書き加える（この線は2階の腰壁線になる）。

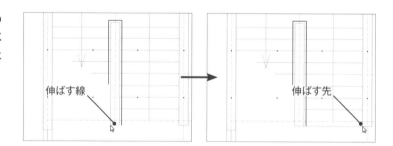

伸ばす線

伸ばす先

30 「複線」コマンドで、**29**で伸ばした水平線を、間隔200で上に複線する。

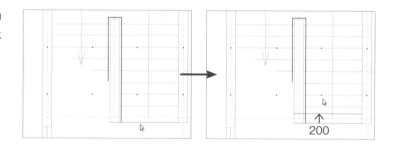

200

31 「コーナー処理」コマンドで、**30**で複線した水平線と階段手すり線の右側線でコーナーを作る。

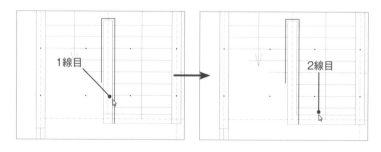

1線目

2線目

その他の階段各部の線を、2階平面図用に変更します。

32 「伸縮」コマンドで、昇り線の下端を、基準線の上の線まで縮める。

33 手すり線の右側下端を、図の位置に正す。

34 手すり線の左側下端を、図の位置に正す。

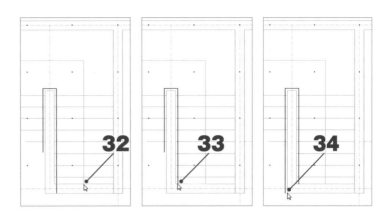

階段省略線で途中切断している2本の踏面線を、左側の壁線まで接続させます。

35 続けて「伸縮」コマンドで、図のように、左側の壁線まで伸ばす（計2本。図は2本目）。

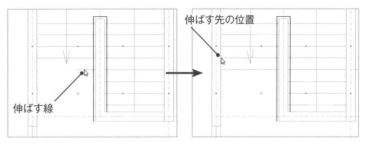

伸ばす先の位置

伸ばす線

踏面線を下に4本追加します。

36 「複写」コマンドで、最下段の踏面線を矩形範囲選択し、基準点を1段上の踏面線左端交点に変更する。

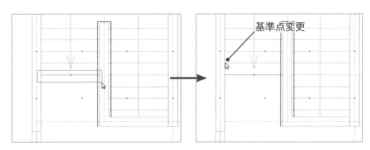

基準点変更

37 基準点を合わせて1本複写したら、コントロールバー「連続」を3回🖱して、計4本複写する。

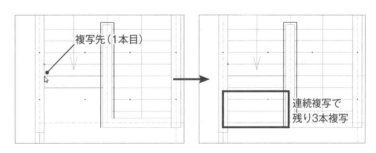

複写先（1本目）

連続複写で残り3本複写

昇り線（矢印）を正しい位置（2階床面の線）まで伸ばします。

38 ツールバー「パラメ」（メニューバー「その他」→「パラメトリック変形」）を🖱する。

39 伸ばす昇り線の先端部分を、矩形範囲選択で囲む。

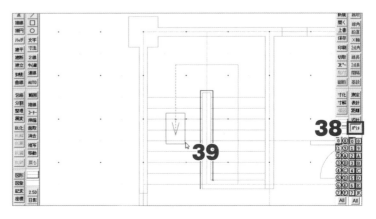

4章 配置図兼平面図の作図

40 コントロールバー「基点変更」を🖱する。

41 パラメトリック変形先を指示するための基準点を、矢印の先端に変更する。

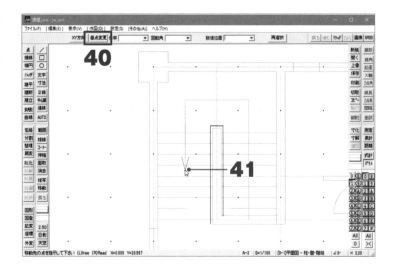

42 パラメトリック変形先として、一番下の踏面線の交点を🖱（右）する。「再選択」を🖱して選択確定する。

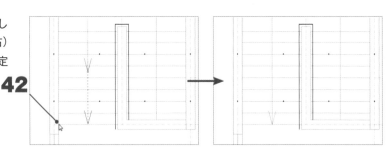

引き続き、「パラメトリック変形」コマンドで、湯沸室の開口部壁を100mm厚くします。

43 パラメトリック変形する部分として、図のように矩形範囲選択する。

44 コントロールバー「選択確定」を🖱する。

45 パラメトリック変形の方向と量をコントロールバー「数値位置」に入力する（ここでは「0,100」＝水平右方向に0、垂直上方向に100変形するという意味）。

46 パラメトリック変形確定の🖱をする。

47 ツールバー「／」（線コマンド）を🖱して、パラメトリック変形モードから抜ける。

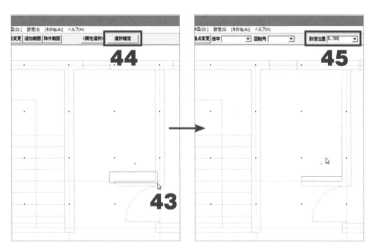

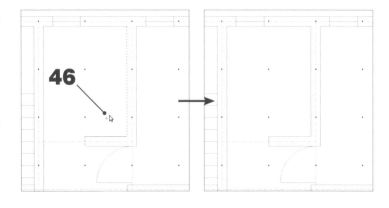

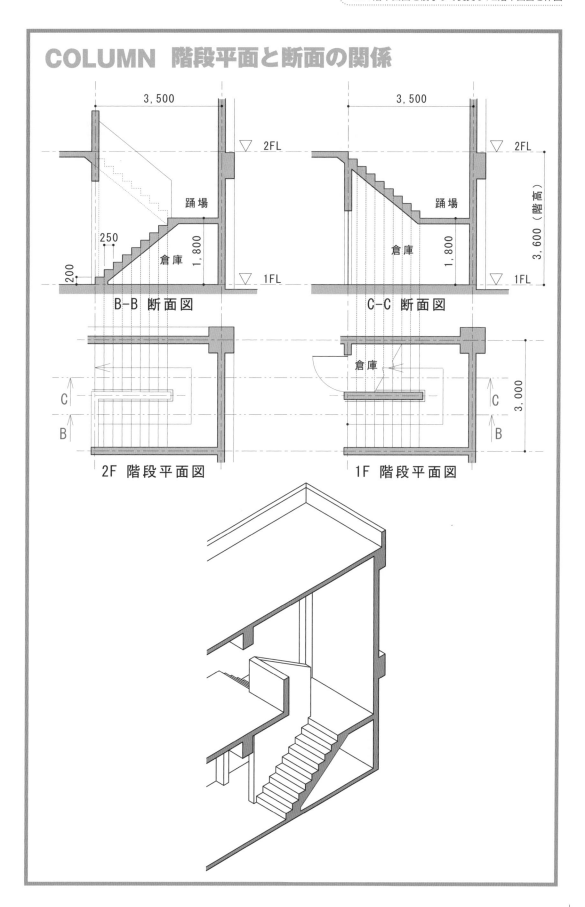

COLUMN 階段平面と断面の関係

3,500

2FL

踊場

250

1,800

倉庫

200

1FL

B-B 断面図

3,500

2FL

3,600 (階高)

踊場

倉庫

1,800

1FL

C-C 断面図

C

B

2F 階段平面図

倉庫

C

B

3,000

1F 階段平面図

4 章

配置図兼平面図の作図

4.5.3 外周の梁型を作図

外周の梁型をかきます。線色1（水色）、実線のままです。

1「線」（／）コマンドの水平・垂直モードで、左上柱間の外周部に水平線を渡す。

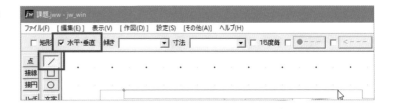

2 同様にして、図のように、他の外周の柱外側頂点間（薄い赤色の線部分）に、水平線または垂直線を渡す。

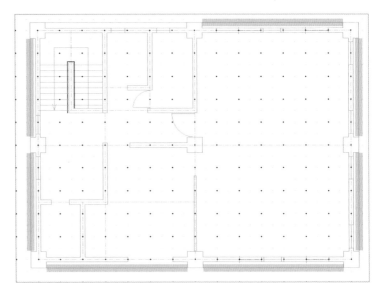

4.5.4 建具の作図

2階平面図に建具をかきます。書込レイヤを切り替えます。

1 書込レイヤを2レイヤに、1レイヤを表示のみレイヤに切り替える。

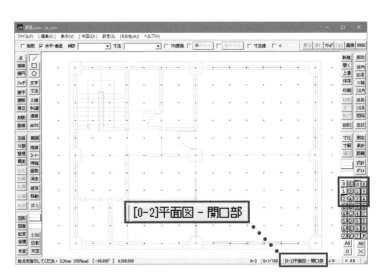

引違い窓を複写して作図します。

2 「複写」コマンドで、下辺中央に貼り付けた引違い窓2000を矩形範囲選択する（右端の縦桟線は除外する）。

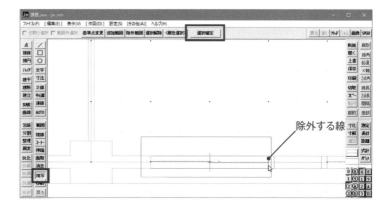

除外する線

3 図のように、選択した図形の左下隅に基準点を変更する。

基準点

4 柱をまたいで左側の開口部に複写する。

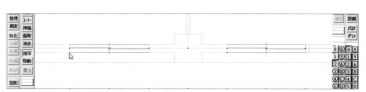

続いて、開き戸を追加します。線色を切り替え、2個所の戸板をかきます。

5 線色3（緑色）に切り替える。

6 「複線」コマンドで、図の内壁線を間隔40で右に複線する（倉庫の開き戸の戸板になる）。

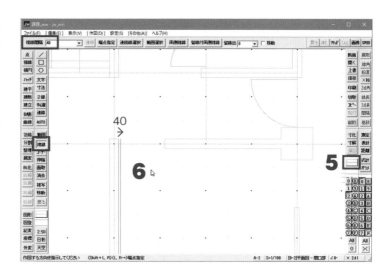

7 同様に、図の柱下辺を間隔40で下に複線する（事務所の開き戸の戸板になる）。

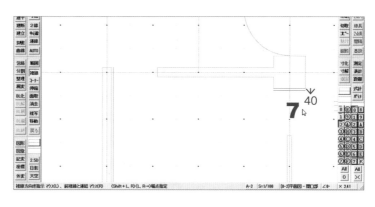

続いて、線色を切り替え、6と7でかいた2個所の戸板部分に開きの動線（軌跡）をかきます（→p.104）。

8 線色1（水色）に切り替える。

9 「円弧」（○）コマンドの円弧モードで、戸板線と基準線の交点を中心に、右図の壁線左辺と基準線の交点を円周かつ円弧の始点として、右下図のような円弧をかく。

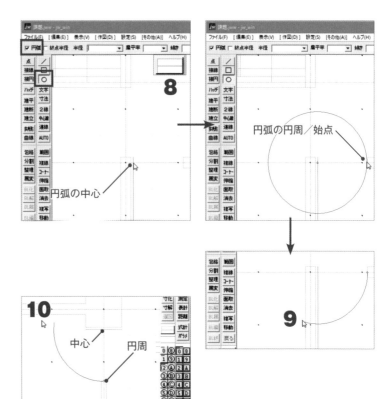

10 同様に、左下図のように円弧をかく。

11 「コーナー処理」コマンドで、**10**までに2個所にかいた戸板線と動線の円弧をコーナー処理して連結する。

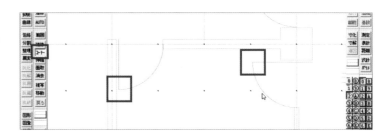

12 「伸縮」コマンドで、**10**までに2個所にかいた戸板線が基準線からはみ出している部分を正しく縮める。

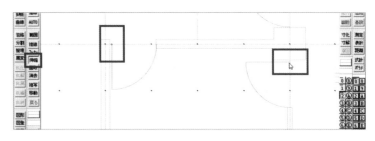

最後に、引違い戸を作図します。

13 「中心線」コマンドで、図の位置に適当な中心線をかく。

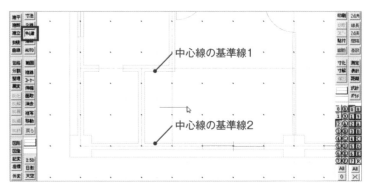

14 「複写」コマンドで、図のように、下辺の引違い窓2000を矩形範囲選択する。

15 上辺と下辺の線を除外（→p.96）し（図は除外後で、選択色のピンク色から本来の線属性の水色に戻っている）、選択確定する。

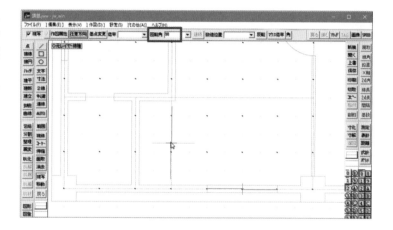

16 選択された図形の基準点は中心になっているので（小さい赤色の丸印あり）、コントロールバー「回転角」を「90」にしてから、**13**でかいた中心線と基準線の交点を🖱（右）して複写する。

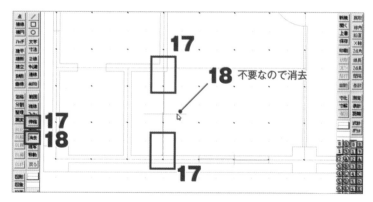

17 「伸縮」コマンドで、複写した引違い窓2000の線を上下端の壁線までそれぞれ伸ばす。

18 「消去」コマンドで、不要になった中心線を消去する。

19 上書き保存する。

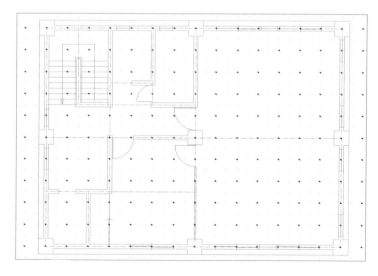

以上で、2階平面図の主要部分が完成です。

 CH4-05.jww

4章 配置図兼平面図の作図

4.6 エレベータや設備機器などの作図

ここでは、便所ブース、パイプシャフトを作図した後、エレベータ、キッチン流し、設備機器などを、図形データを利用して作図します。1階平面図、2階平面図の両方に作図します。

製図のポイント

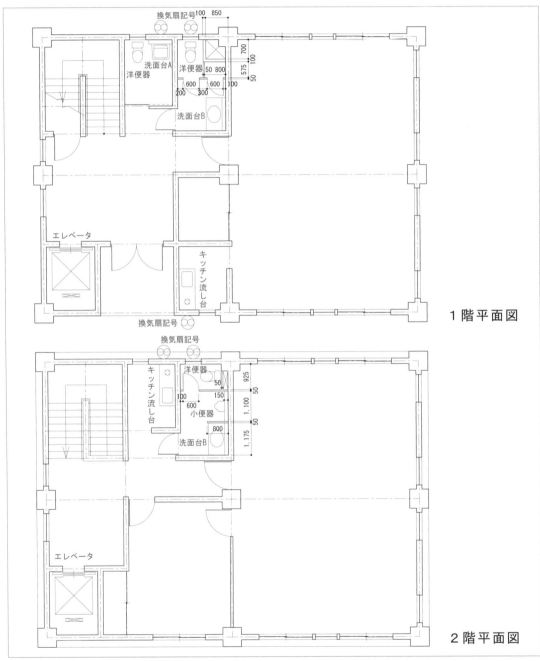

エレベータや設備機器などの完成図例（赤色の線がここでかく部分。寸法や設備名称は作図時の参照用）

① 作図するレイヤは、0レイヤグループ「平面図」の3レイヤ「設備」です（3章で設定済み）。

② 便所ブース、パイプシャフトは断面線なので、太線の実線（本書では「線色2（黒色）」「実線」）で作図します。

③ エレベータ、キッチン流し、設備機器などは、本書オリジナルのRCオリジナル図形データ（→p.6）を読み込んで貼り付けます。また、Jw_cadに標準添付の図形データも利用します。

4.6.1 便所ブースとパイプシャフトの作図

まず、便所ブースとパイプシャフトをかきます。

平面図の図面ファイルを開いて準備します。

1 図面ファイル「課題.jww」（または「CH4-05.jww」）を開く。

2 書込レイヤを3レイヤに、0～2レイヤは表示のみレイヤに設定する。なお、書込レイヤグループは0のまま変更しない。

3 線属性を「線色2（黒色）」「実線」に設定する。

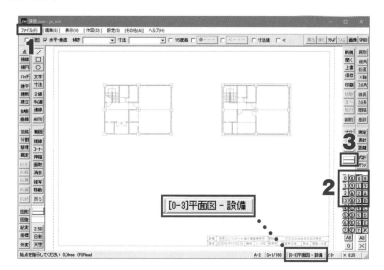

便所ブースとパイプシャフトをかきます。便所ブースの壁厚は50、パイプシャフトの壁厚は100とします。

最初に1階部分（便所は多目的用と女子用）、続けて2階部分（便所は男子用）をかきます。かくべき線が細かく、操作手順はかなり長くなるので、既習の操作は要点のみ示します。

4 「複線」コマンドで、1階平面図中央の垂直基準線を、間隔850で左に複線する。

5 4で複線した線を、さらに、間隔100で左に複線する。

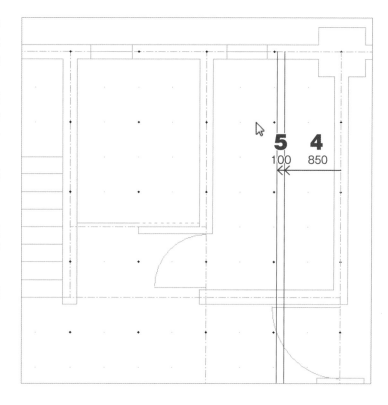

6 上辺中央の壁線を、間隔700で下に複線する。

7 6で複線した線を、さらに、間隔100で下に複線する。

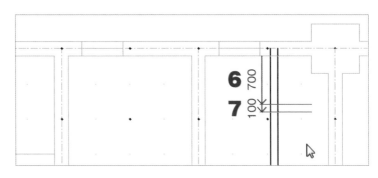

8 「コーナー処理」コマンドで、ここまでかいた4本の複線で図の2個所のコーナーを作る。

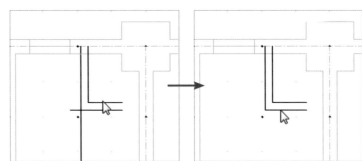

9 「伸縮」コマンドで、8でコーナー処理したL字型平行線の両端を内壁線に接続させる（垂直線は縮め、水平線は伸ばす）。

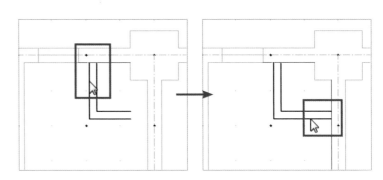

10 「複線」コマンドで、L字型平行線の下側の線を間隔575で下に端点指定複線する。

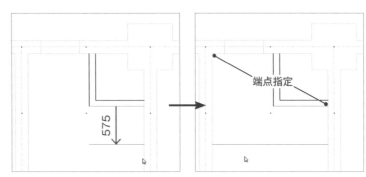

11 10でかいた複線を、間隔50で下に複線する。

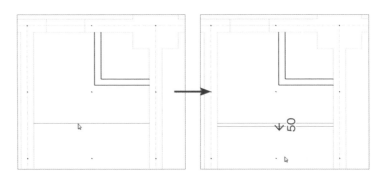

12 図の壁線を、間隔200で右に端点指定複線する。

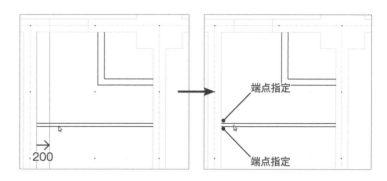

13 **12**でかいた複線を、図に示した間隔でそれぞれ右方向に複線する。

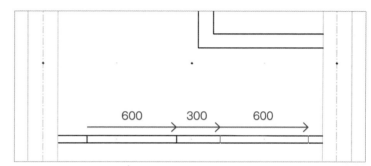

14 「消去」コマンドで、便所戸の開口部になる不要な4本の水平線（薄い赤色の線部分）を節間消しする（図は4本目の消去前）。

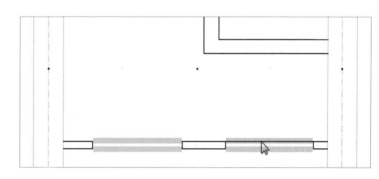

15 「線」(／) コマンドで、図の位置に垂直線を渡す。

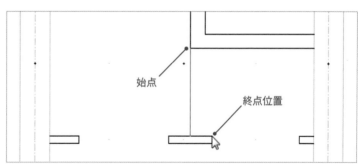

16 「複線」コマンドで、**15**でかいた垂直線を間隔50で右に複線する。

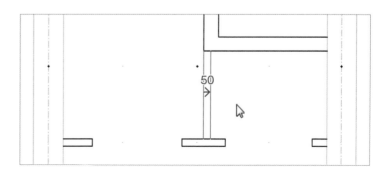

4章

配置図兼平面図の作図

17 線色1（水色）に切り替える。

18 「円弧」（○）コマンドの円弧モードで、図のように、中心→円周・始点→終点と順次指示して、便所個室開き戸の開きの動線（軌跡）として円弧をかく。

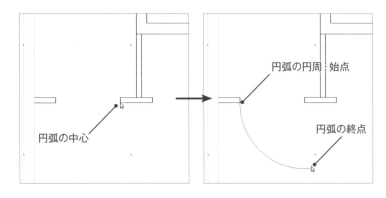

円弧の中心

円弧の円周・始点

円弧の終点

19 同様に、右の便所個室開き戸の開きの動線（軌跡）をかく。

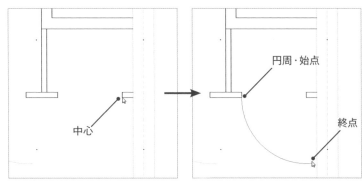

中心

円周・始点

終点

20 「コーナー処理」コマンドで、図のように、戸壁線と開きの動線（軌跡）を連結する（左右とも）。戸壁線を「線（A）」、開きの動線を「線（B）」としてコーナー処理をしているので、開き戸は線色2（黒色）となる。

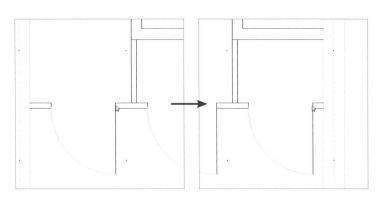

21 「線」（／）コマンドで、コントロールバー「水平・垂直」のチェックを外し、図のように、パイプシャフトスペースの頂点間に対角線をかく。

以上で、1階部分の便所ブースとパイプシャフトの作図は完了です。丁寧に作図したので長くなりましたが、構造自体は簡単です。

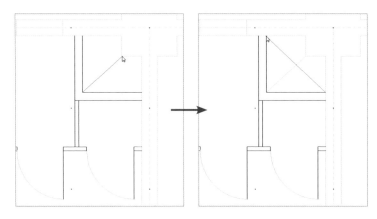

続けて、2階部分の便所ブースとパイプシャフトをかきます。線色2（黒色）に切り替えます。

22 画面を2階平面図に移動する。

23 線色2（黒色）に切り替える。

24「複線」コマンドで、図の壁線を、間隔925で下に端点指定複線する。

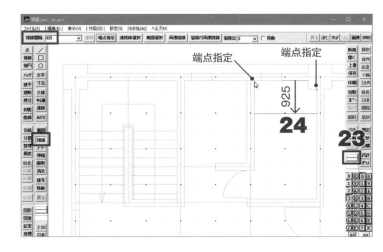

25 1階部分と同様（→p.134～135）、**24**で複線した線を間隔50で下に複線する。

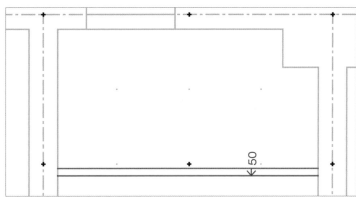

26 同様に、左の壁線を間隔100で右に端点指定複線する。

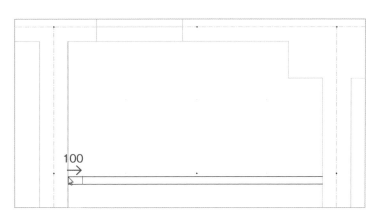

27 同様に、**26**で複線した線を間隔600で右に複線する。

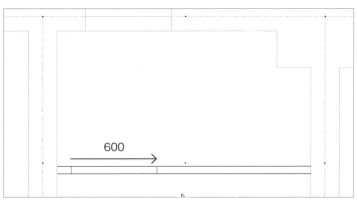

4章
配置図兼平面図の作図

28 「線」(／) コマンドで、図の位置に垂直線を渡す。

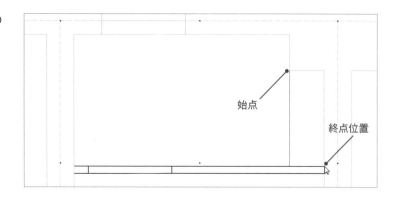

始点

終点位置

29 「複線」コマンドで、**28**でかいた垂直線を間隔50で右に複線する。

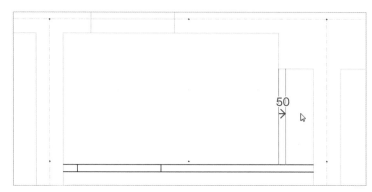

50

30 「消去」コマンドで、便所個室戸の開口部になる不要な2本の水平線（薄い赤色の線部分）を節間消しする（図は2本目の消去前）。

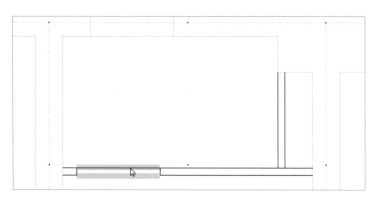

31 「複線」コマンドで、図の水平線を間隔1100で下に複線する。

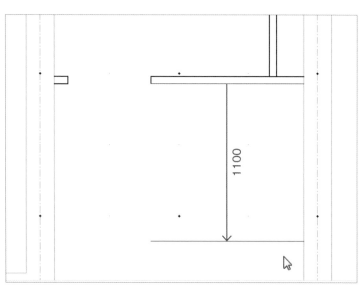

1100

32 さらに、間隔50で下に複線
する。

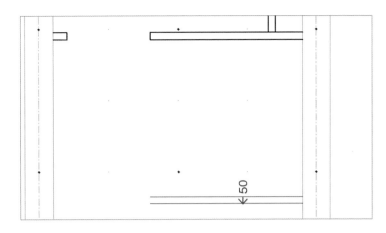

33 図の壁線を間隔800で左に
複線する。

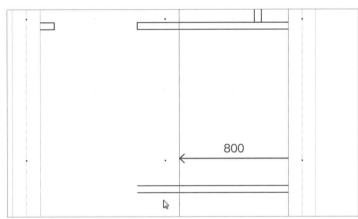

34 「コーナー処理」コマンド
で、**31**〜**33**でかいた3本の線を
袋型にコーナー処理する。

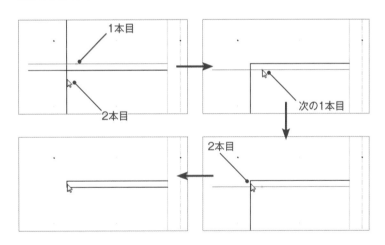

35 線色1（水色）に切り替える。

36 図のように開きの動線（軌
跡）をかく。

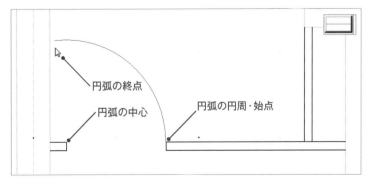

4
章

配置図兼平面図の作図

37 「コーナー処理」コマンドで、壁線と開きの動線（軌跡）を連結する。

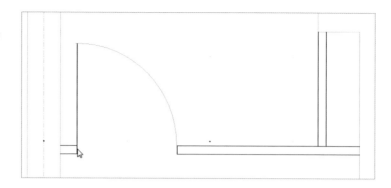

38 「複線」コマンドで、図の垂直線を間隔150で左に端点指定複線する。これは小便器を取り付ける配管スペースの線となる。

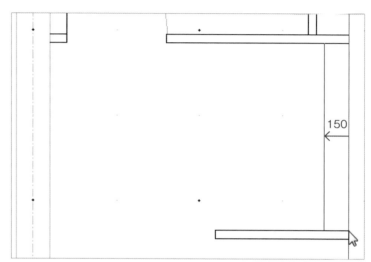

39 「線」（／）コマンドで、コントロールバー「水平・垂直」のチェックを外し（または確認）、図のように、パイプシャフトスペースの頂点間に対角線をかく。

以上で、2階部分の便所ブースとパイプブシャフトの作図は完了です。

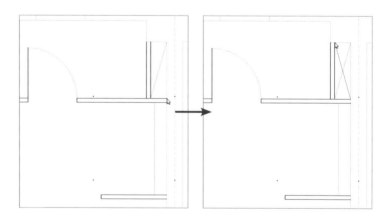

4.6.2 エレベータの作図

続いて、エレベータをかきます。作図補助のための仮の線である「補助線色」「補助線種」を使います。また、ここではJw_cad標準添付の図形データを読み込んで貼り付けます。図形データの貼り付け操作の方法は、既習の線記号変形データや建具平面データの貼り付けと同じ要領になります。

まず、1階平面図部分にかきます。

1 線属性を「補助線色（ピンク色）」「補助線種（点線）」に設定する。

2 「線」（／）コマンドの水平・垂直モードで、図の内壁頂点間に補助線で水平線をかく。

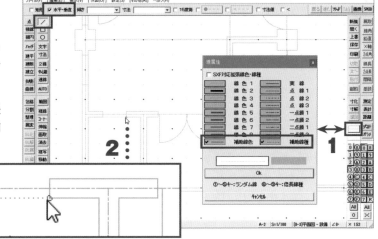

3 「中心線」コマンドで、**2**でかいた補助線の垂直二等分線をかく（寸法や位置はだいたい図のようになればよい）。

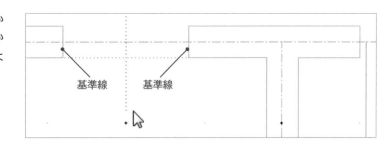

ここで、エレベータには関係ありませんが、「中心線」コマンドを使ったついでに、2階便所ブースの小便器スペースに作図ガイド線を追加しておきます。

4 2階の便所ブースに画面を移動して、図の線の垂直二等分線をかく。これは、男子用小便器貼り付けの基準点となる。

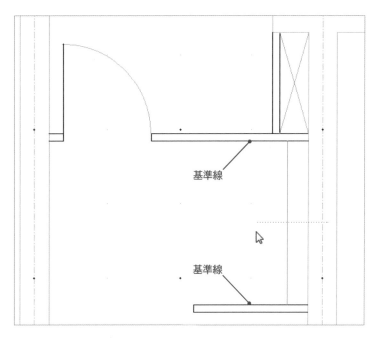

エレベータの作図に戻ります。エレベータは、Jw_cadに標準添付されている出来合いの図形データを利用します。

5 線属性を「線色1（水色）」「実線」に変更する。

6 ツールバー「図形」（メニューバー「その他」→「図形」）を🖱する。

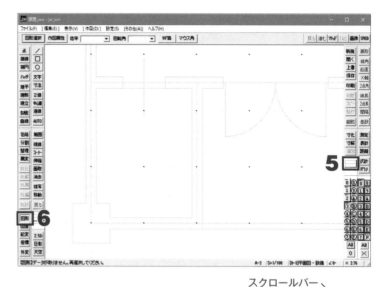

7 図形データを選択する「ファイル選択」ウィンドウが表示されるので、図形データが保存されている「jww」フォルダの「《図形01》建築1」フォルダを選択し、右側の図形データ一覧から「E-p-11」を🖱🖱する。

information

「E-p-11」は図形データ一覧の下の方にあるので、ウィンドウ右端のスクロールバーを操作して表示させてください。

スクロールバー

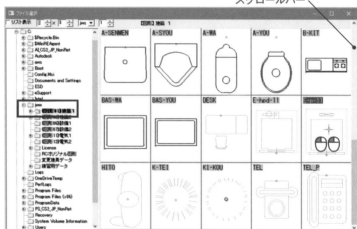

エレベータ図形「E-p-11」が読み込まれ、仮の赤色表示になります。ここでは平面図に配置する向きが反対なので、180°回転させます。

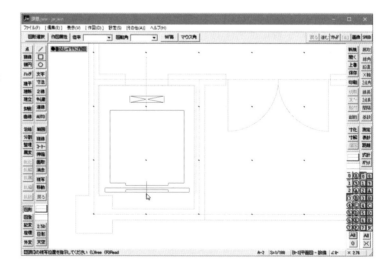

8 コントロールバー「回転角」を「180」にする（キー入力するか、「90°毎」ボタンを2回🖱️する）。

9 エレベータの基準点（小さい赤色の丸印）にマウスポインタが合っているので、そのまま3でかいた補助線交点を🖱️（右）して配置する。

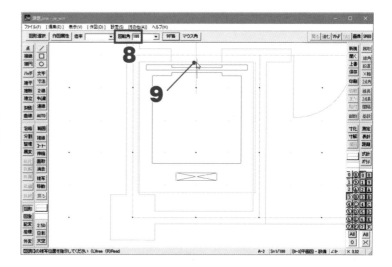

エレベータの箱（ゴンドラ）を表す対角線を追加でかき込み、仕上げます。

10 「線」（／）コマンドで、コントロールバー「水平・垂直」のチェックを外し、図のようにエレベータの箱内に対角線をかく。

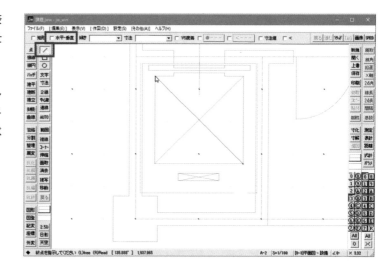

続いて、2階平面図部分のエレベータに必要な線を、1階平面図から「図形複写」して作図します。

11 「複写」コマンドで、図のように、1階平面図に貼り付けたエレベータを矩形範囲選択する。

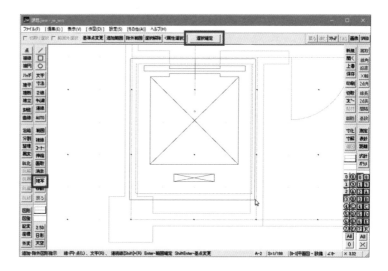

4章

配置図兼平面図の作図

12 複写の基準点を図の基準線
交点に変更する。

information

図形の基準点は、図形自身の線上に
なくてもかまいません。複写先で指
示しやすい点を選択してください。

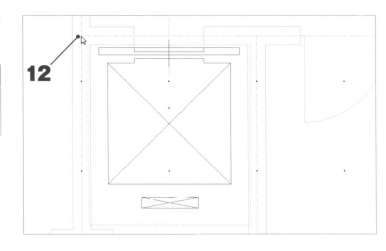

13 2階平面図部分に移動して、
基準点位置を1階平面図部分と一
致させて🖱（右）し、複写を確定
する。

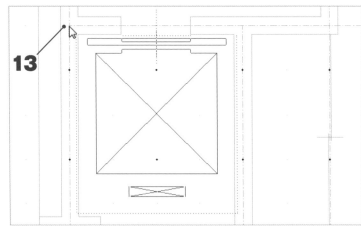

4.6.3 洋便器と換気扇記号の作図

続いて、前項同様Jw_cadの図形データを利用して洋便器をかきます。1階便所ブースの多目的便所→同女子
便所→2階便所ブースの男子便所の順に貼り付けていきます。図形貼り付けの手順は前項のエレベータと同様
ですが、洋便器の線色が現在の設定と異なるので、線色を合わせながら貼り付ける機能を利用します。

1 1階便所ブースに画面移動し
て、ツールバー「図形」を🖱する。

2 「ファイル選択」ウィンドウ
で、「jww」フォルダの「《図形
01》建築1」フォルダを選択し、
右側の図形データ一覧から「14
洋便器」を🖱🖱する。

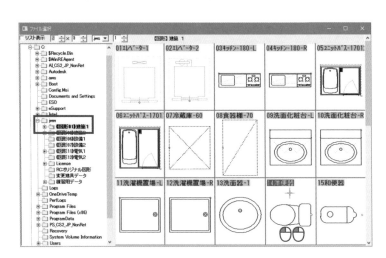

3 仮の赤色の洋便器が表示されるので、この状態でコントロールバー「作図属性」を🖱️する。

4 表示される「作図属性設定」ダイアログで、「●書込み【線色】で作図」にチェックを付け、「Ok」を🖱️する。

information

「書込み【線色】で作図」とは、読み込む図形の線色を、現在の図面の線色（線属性設定）に変更して貼り付ける機能の指示になります。外部図形データの線色設定を、貼り付け後に変更するのではなく、貼り付け時に変更してしまう便利な機能です。

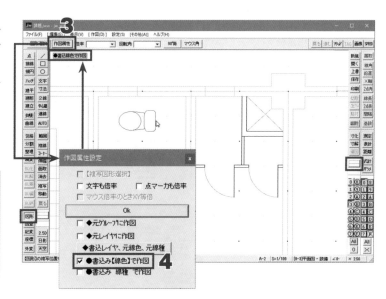

5 コントロールバー「回転角」を「90」に設定する。

6 多目的便所内の図のようなだいたいの位置を🖱️して、貼り付ける。

7 洋便器の貼り付けモードが続くので、図のように女子便所内でもだいたいの位置を🖱️して、貼り付ける。

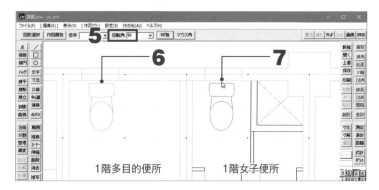

8 2階便所ブースに画面移動して、コントロールバー「回転角」を「0」（または「（無指定）」か空白）に設定する。

9 図のように男子便所内でもだいたいの位置を🖱️して、貼り付ける。

どんどん図形を貼り付け、作図していきましょう。操作要領は同じです。次は換気扇記号です。

10 コントロールバー「図形選択」を🖱️する。

information

「図形選択」は、続けて別の図形を読み込む時に使えるボタンです。

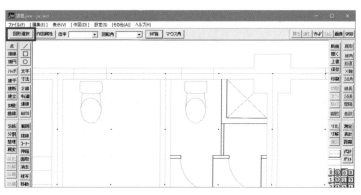

4章 配置図兼平面図の作図

11 「ファイル選択」ウィンドウで、「《図形12》電気2」フォルダから「FAN」を🖱🖱する。

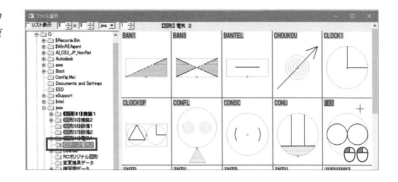

12 1階便所ブース外壁で、図のようなだいたいの位置を🖱して、貼り付ける（2個所）。

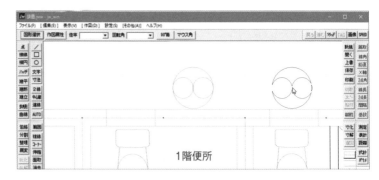

13 同様に、1階キッチン流し台外壁、2階キッチン流し台外壁、2階便所外壁にも、図のようなだいたいの位置（→p.132）を🖱して、貼り付ける。

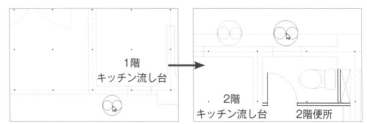

4.6.4 洗面台、キッチン流し台、小便器の作図

続いて洗面台をかきます。これは、本書のRCオリジナル図形データ（→p.6）を読み込み貼り付けます。「作図属性設定」の「●書込み【線色】で作図」機能を使います（→p.145）。

1階便所ブースに、RCオリジナル図形の「洗面台A」を貼り付けます。

1 1階便所ブースに画面移動して、コントロールバー「図形選択」を🖱する。

2 「ファイル選択」ウィンドウで、「jww」フォルダ内の「RCオリジナル図形」フォルダから「洗面台A」を🖱🖱する。

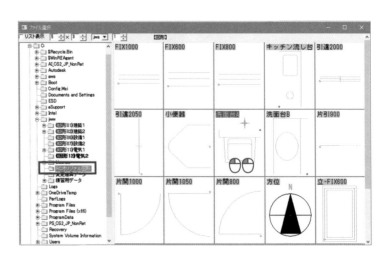

3 仮の赤色の洗面台が表示されるので、この状態でコントロールバー「作図属性」を🖱する。

4 表示される「作図属性設定」ダイアログで、「●書込み【線色】で作図」のチェックを外し、「Ok」を🖱する。

5 図の内壁コーナーを🖱(右)する。

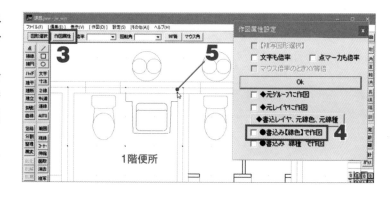

1階および2階便所ブースに、RCオリジナル図形の「洗面台B」を貼り付け、不要な線を消去します。

6 続けて、コントロールバー「図形選択」を🖱し、「洗面台B」を🖱🖱する。

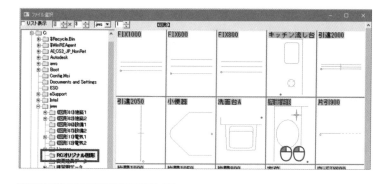

7 図の内壁コーナーを🖱(右)する。

8 2階便所ブースに画面移動して、同様に「洗面台B」を貼り付ける。

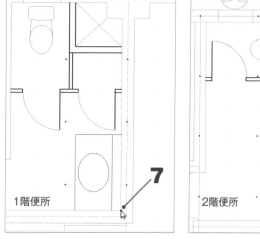
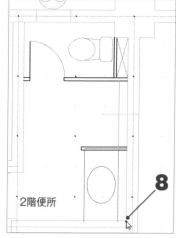

9 「洗面台B」の構成線の一部が仕切り壁に食い込むので、「消去」コマンドの「節間消し」で、3本の線を消去する。

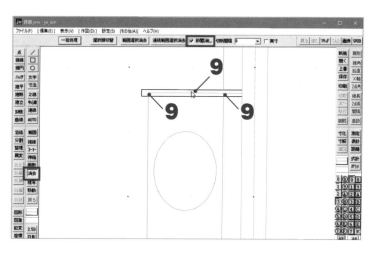

4章 配置図兼平面図の作図

1階と2階のキッチン流し台に、RCオリジナル図形の「キッチン流し台」を貼り付けます。

10 ツールバー「図形」を🖱し、「キッチン流し台」を🖱🖱する。

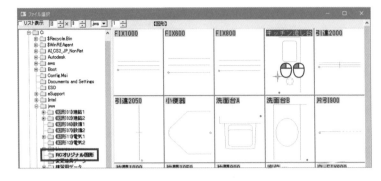

11 1階キッチン流し台に貼り付ける。

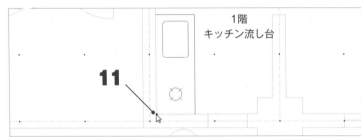

12 続けて、2階キッチン流し台に貼り付ける。ただし向きが不正なので、コントロールバー「回転角」を「180」としてから貼り付ける。

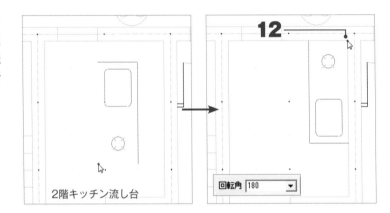

2階便所ブースに、RCオリジナル図形の「小便器」を貼り付けます。

13 コントロールバー「図形選択」を🖱し、「小便器」を🖱🖱する。

14 コントロールバー「回転角」を「0」(または(無指定)か空白)に戻し、2階便所ブースの図の位置に貼り付ける。

15 上書き保存する。

 CH4-06.jww

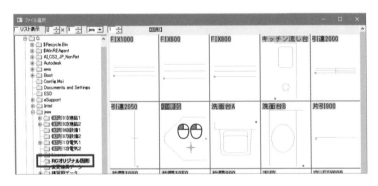

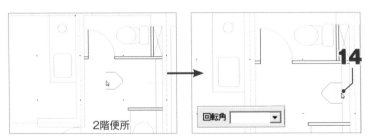

4.7 敷地と外部の作図

ここでは、1階平面図の周囲に建物の周囲の敷地、添景、方位記号などの外部を作図し、1階平面図と兼用の配置図に仕上げます。

製図のポイント

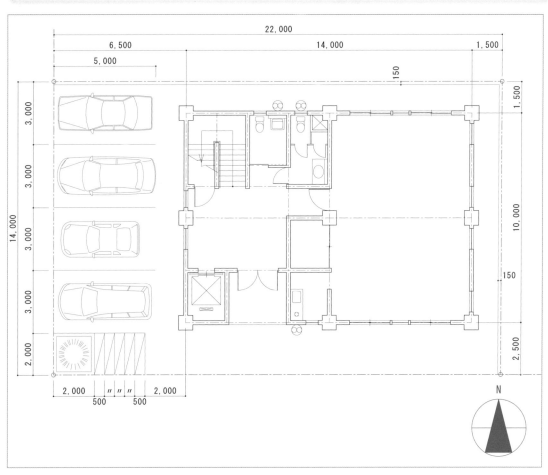

敷地と外部の完成図例（赤色の線がここでかく部分。寸法は作図時の参照用）

① 作図するレイヤは、0レイヤグループ「平面図」の4レイヤ「敷地」です（3章で設定済み）。

② 道路境界線や隣地（敷地）境界線は明瞭に表現する必要があるので極太線の一点鎖線（本書では「線色3（緑色）」「一点鎖1」）で、敷地の四隅の○は極太線の実線（本書では「線色3（緑色）」「実線」）で作図します。

③ 車、塀、樹木などは見えがかりの姿線なので細線の実線（本書では「線色1（水色）」「実線」）で作図します。

4.7.1 隣地境界線と道路境界線の作図

まず、隣地境界線と道路境界線をかきます。1階平面図の周辺にだけかきます。

平面図の図面ファイルを開いて準備します。

1 図面ファイル「課題.jww」（または「CH4-06.jww」）を開く。

2 書込レイヤを4レイヤに、0～3レイヤは表示のみレイヤに設定する。なお、書込レイヤグループは0のまま変更しない。

3 線属性を「線色3（緑色）」「一点鎖1」に設定する。

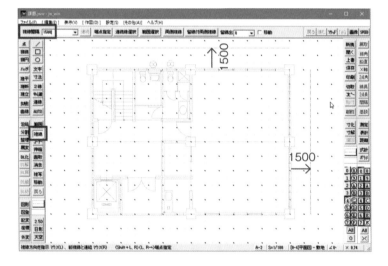

まず、1階平面図の外周部の基準線（4辺）を、それぞれ外側に複線して、敷地境界線とします。

4 「複線」コマンドで、外周部上辺・右辺の基準線を、間隔1500で、それぞれ上・右に複線する。

5 同様に、外周部下辺・左辺の基準線を、間隔2500・6500で、それぞれ下・左に複線する。

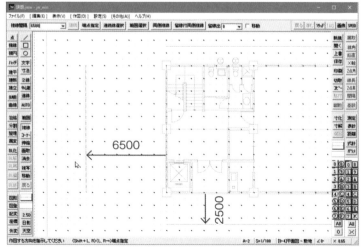

前ページで複線した4本の線を隣地境界線に整えます。

6「コーナー処理」コマンドで、**5**までに複線した4本の線でコーナーを作り、閉じた矩形にする（図は最後のコーナー処理の場面）。

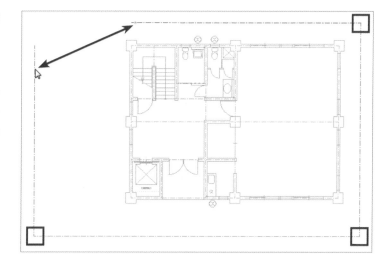

道路境界線をかきます。

7「伸縮」コマンドで、図の2個所の角で、敷地境界線を少し伸ばす（図は2本目の伸縮の場面）。

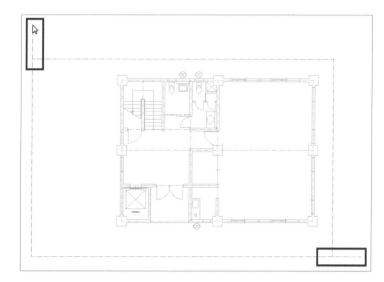

敷地四隅に○印を追加します。「円弧」（○）コマンドを使いますが、ここでは円弧ではなく円をかくので、コントロールバー「円弧」のチェックを外します。

8「円弧」（○）コマンドで、コントロールバー「円弧」のチェックを外し、コントロールバー「半径」に「100」を入力して、図の4個所の角を🖱（右）して、○印を追加する。

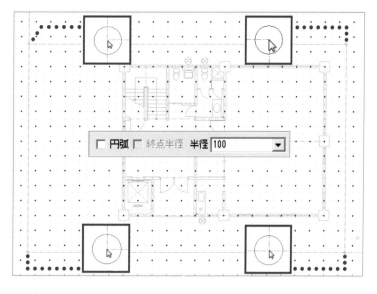

4.7.2 塀の作図

続いて、塀をかきます。

1 線属性を線色1（水色）、実線に設定する。

2 「複線」コマンドで、上辺と右辺の敷地境界線を、それぞれ間隔150で内側に複線する。

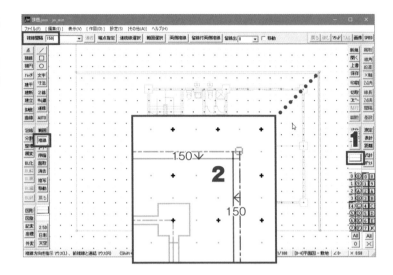

3 「コーナー処理」コマンドで、**2**で複線した2本の塀の線でコーナーを作る。

4.7.3 駐車線、花壇、駐輪線の作図

続いて、駐車線・花壇・駐輪線をかきます。

まず、駐車線をかきます。普通車4台分の区画線をかきます。

1 「複線」コマンドで、左辺の敷地境界線を間隔5000で右に複線する。

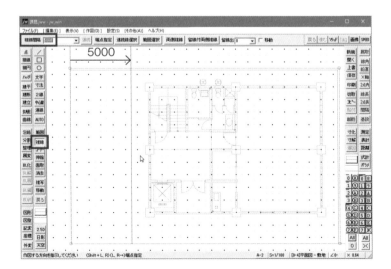

2 続けて、上辺の敷地境界線を
間隔3000で下側に端点指定複線
する。

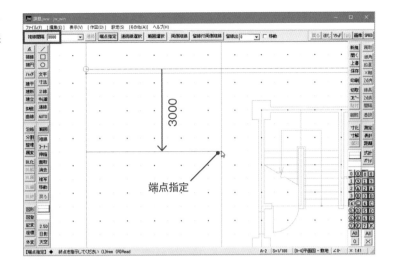

3 コントロールバー「連続」を計
3回🖱して（→p.51）、図のように
同じ寸法の水平線を下に3本複
線し、駐車線とする。

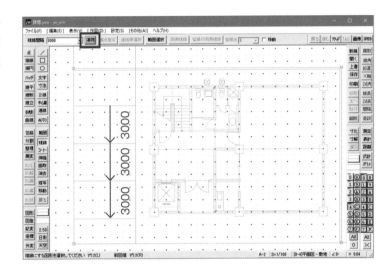

4 「消去」コマンドで、不要にな
った垂直線を消去する。

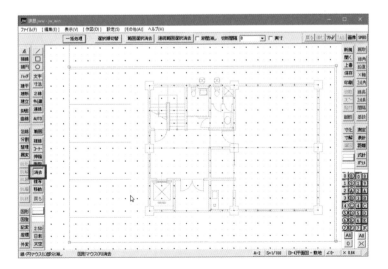

続いて、花壇をかきます。

5 「複線」コマンドで、左辺の敷地境界線を間隔2000で右に端点指定複線する。

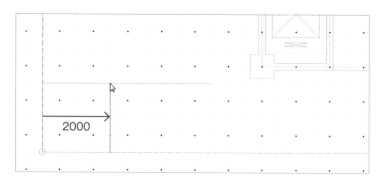

6 「コーナー処理」コマンドで、上の駐車線とコーナーを作る。

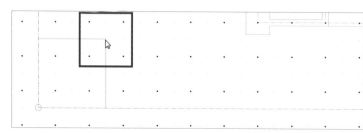

7 「複線」コマンドで、左辺の敷地境界線を間隔150で右に複線する。

8 図の水平線を間隔150で下に複線する。

9 図の垂直線を間隔150で左に複線する。

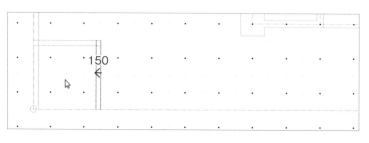

10 図の水平線を間隔150で上に複線する。

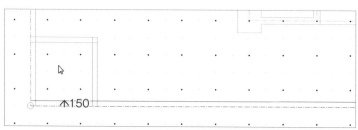

11 「コーナー処理」コマンドで、**7**～**10**で複線した4本の内側の線をコーナー処理して閉じた矩形にする（図は最後の4個所目のコーナー処理前の場面。結果は次図を参照）。

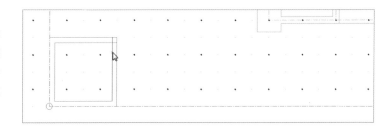

続いて、5台分の駐輪線をかきます。

12 「複線」コマンドで、図の垂直線を間隔500で右に複線する。

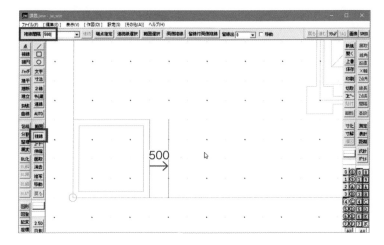

13 コントロールバー「連続」を4回🖰して、あと4本複線する（計5本になる）。

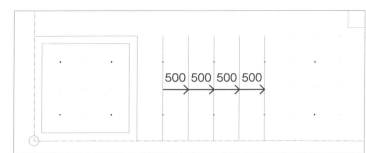

14 「伸縮」コマンドで、図の水平線を、**13**で連続複線した一番右端の垂直線上端まで伸ばす。

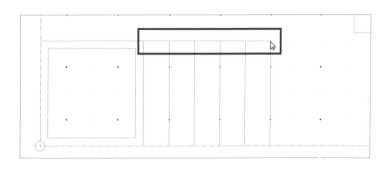

15 「線」（／）コマンドで、コントロールバー「水平・垂直」のチェックを外し、図のように、5個所の矩形部分に対角線を1本ずつかく。

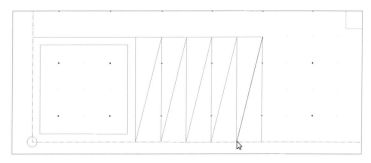

4.7.4 車、樹木、方位記号の作図

続いて、車・樹木・方位記号をかきます。Jw_cad標準添付またはRCオリジナル図形の図形データを読み込み、「作図属性設定」の「●書込み【線色】で作図」で貼り付けて作図します（→p.145）。

まず、車の図形データを貼り付けます。

1 駐車線付近に画面移動して、ツールバー「図形」を🖱️する。

2 「ファイル選択」ウィンドウで、「jww」フォルダ→「《図形01》建築1」フォルダ→「《図形》車」フォルダから「自動車平面-0」を🖱️🖱️する。

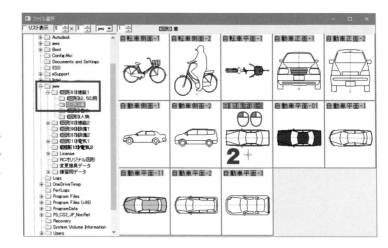

3 仮の赤色の「自動車平面-0」が表示されるので、この状態でコントロールバー「作図属性」を🖱️する。

4 表示される「作図属性設定」ダイアログで、「●書込み【線色】で作図」にチェックを付け、「Ok」を🖱️する。

5 図の付近を🖱️する。

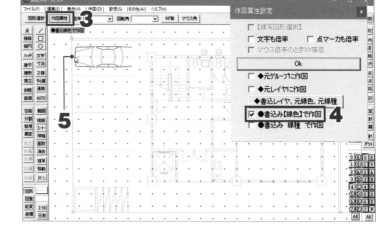

6 同様にして（次の図形選択はコントロールバー「図形選択」を🖱️→p.145）、下にも自動車平面図形（好きなものを選択）を貼り付ける。

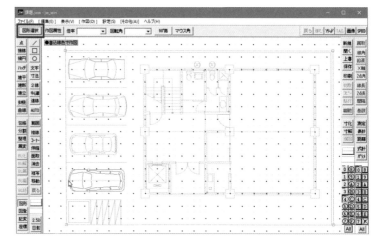

続いて、樹木の図形データを貼り付けます。

7 左下付近に画面移動してから、コントロールバー「図形選択」を🖱する。

8 「ファイル選択」ウィンドウで、「jww」フォルダ→「《図形01》建築1」フォルダから「K-TEI」を🖱🖱する。

9 図の水色グリッドを🖱する。

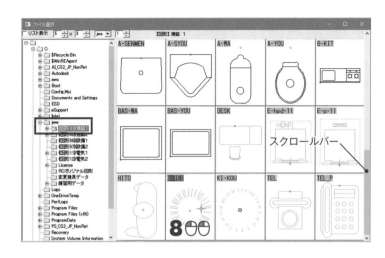

スクロールバー

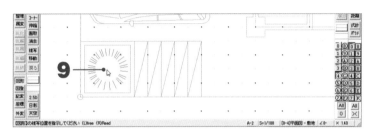

続いて、方位記号の図形データ（RCオリジナルの方）を貼り付けます。

10 1階平面図右下付近に画面移動して、コントロールバー「図形選択」を🖱する。

11 「ファイル選択」ウィンドウで、「jww」フォルダ→「RCオリジナル図形」フォルダの「方位」を🖱🖱する。

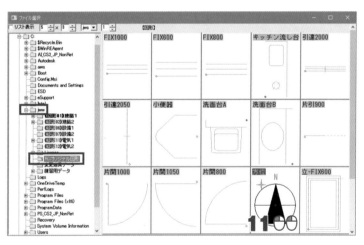

12 コントロールバー「作図属性」を🖱して表示される「作図属性設定」ダイアログで、「●書込み【線色】で作図」のチェックを外し、「Ok」を🖱する。

13 図の付近の黒色グリッドを🖱（右）する。

14 上書き保存する。

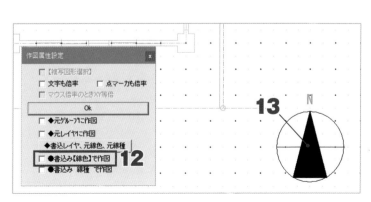

 CH4-07.jww

4章 配置図兼平面図の作図

室名、寸法、基準記号、切断線などを作図し、平面図を完成

最後に、室名などの文字、寸法、基準記号、切断線などをかき加え、配置図兼1階平面図および2階平面図を完成させましょう。

製図のポイント

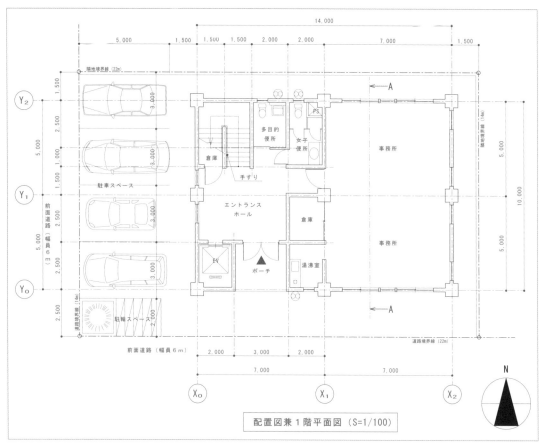

室名、寸法、基準記号、切断線などの完成図例（配置図兼1階平面図部分）
（赤色がここでかく室名、寸法、基準記号、切断線など。青色の線は伸ばした基準線）

① 作図するレイヤは、0レイヤグループ「平面図」の5レイヤ「室名・寸法他」です（3章で設定済み）。

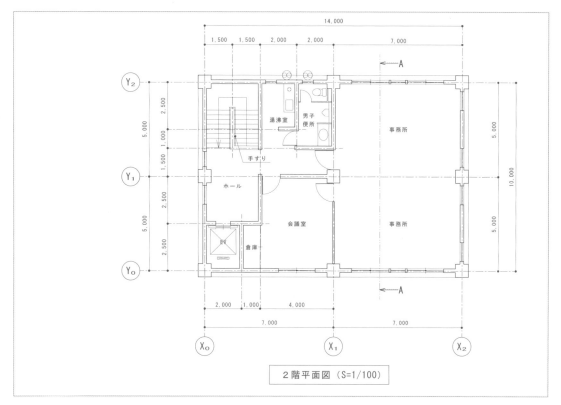

室名、寸法、基準記号、切断線などの完成図例（2階平面図部分）
（赤色がここでかく室名、寸法、基準記号、切断線など。青色の線は伸ばした基準線）

4.8.1 平面図全体の位置を変更

まず、作図する準備として、これまでにかいた配置図兼1階平面図、2階平面図の位置を変更します。

平面図の図面ファイルを開いて
準備します。

1 図面ファイル「課題.jww」（または「CH4-07.jww」）を開く。

2 書込レイヤを5レイヤに、0～4レイヤは編集可能レイヤに切り替える。なお、書込レイヤグループは0のまま変更しない。

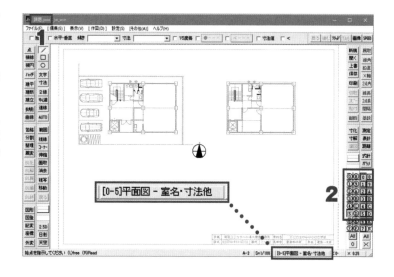

以降の5章、6章で図面を枠内にバランスよく配置できるようにするために、ここまでの図面を移動します。

3 ツールバー「移動」(メニューバー「編集」→「図形移動」)を🖱する。

information

「図形移動」コマンドの使い方は、「複写」コマンドとまったく同じです。機能の違いは、複写元の図形が残るか残らないかだけです。

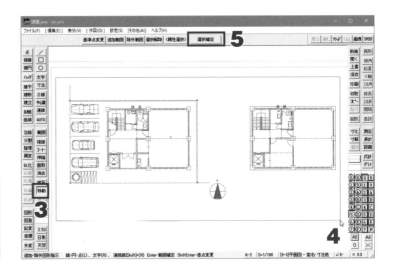

4 右上図のように、移動する図全体を矩形範囲選択する。方位記号に文字が含まれているので、矩形範囲指定の終点指示は、「文字を含める」🖱(右)とする(→p.49)。

5 コントロールバー「選択確定」を🖱する。

6 移動の基準点を、図に示した1階平面図の左上基準線交点に設定する。

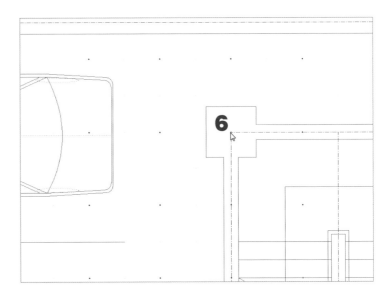

7 画面を十分に拡大して、図に示した黒色グリッドにマウスポインタが指す基準点を合わせ、移動確定の🖱(右)をする。

5章、6章での作図に関わる重要な作業なので、上部の水平図面枠および左部の垂直図面枠からの黒色グリッドのスパンを数えて、正確に移動(再配置)してください。

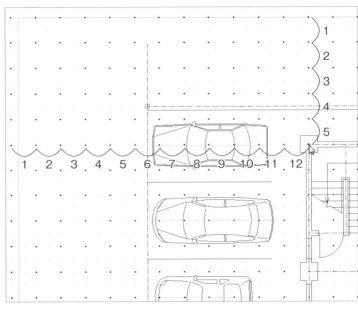

以上で移動（再配置）は完了です。下図は、1階平面図と2階平面図の間です。5章、6章での作図では、この間隔が正確でないと困るので、間隔が違う場合は、あらためて2階平面図を移動して正してください。

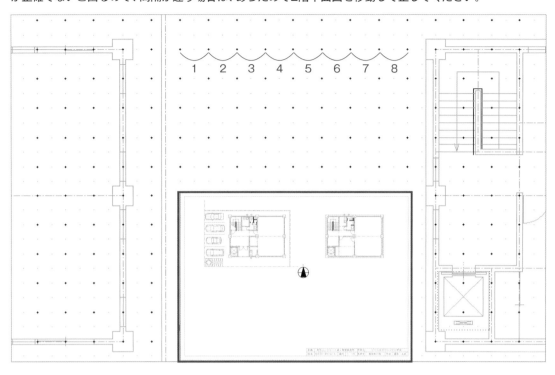

COLUMN 本建築のイメージパース例

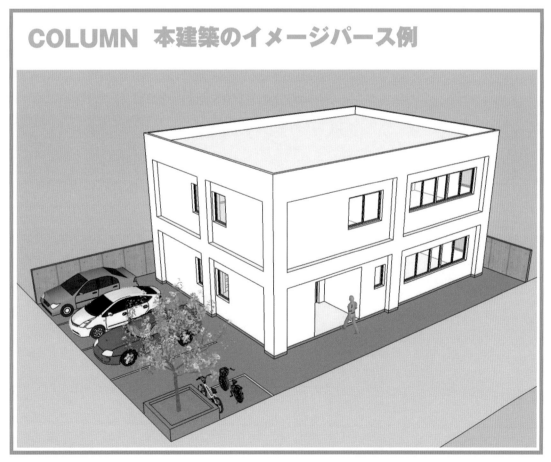

4.8.2 寸法を記入するため、基準線を外側に伸ばす

この後、寸法を記入するのに基準線が短くて面倒なので、ここですべて伸ばしておきます。

配置図兼1階平面図から着手します。まず、外周部の基準線を外側に伸ばします。

1「伸縮」コマンドで、図のように、外周部の基準線を図面外側のグリッドまで伸ばす。

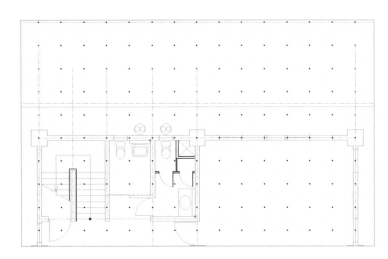

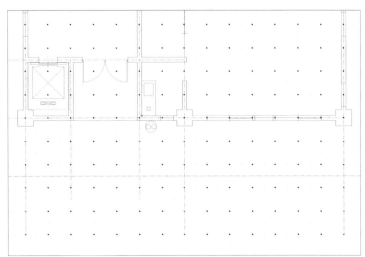

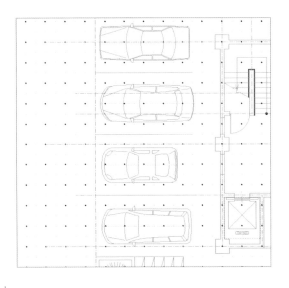

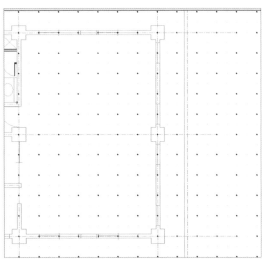

2 同様に、図のように内部の基準線も適宜、グリッドまで伸ばす（以下同）。

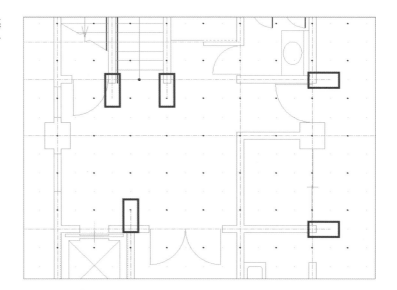

2階平面図の基準線も外側に伸ばします。

3 「伸縮」コマンドで、図のように、外周部の基準線を図面外側のグリッドまで伸ばす。

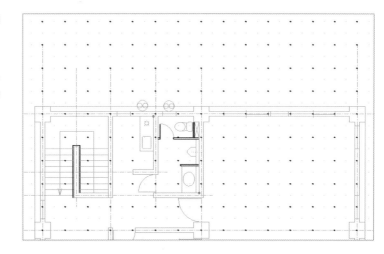

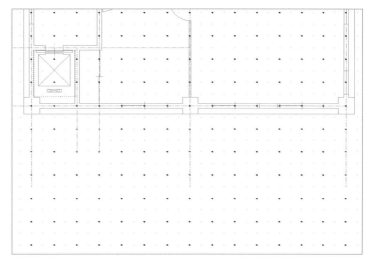

4章
配置図兼平面図の作図

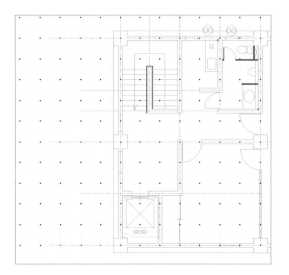
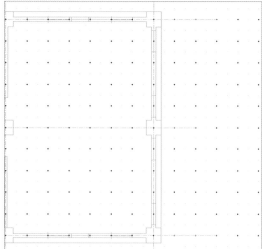

4 同様に、図のように、内部の基準線も適宜、黒色グリッドまで伸ばす（以下同）。

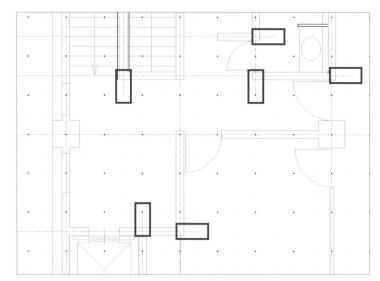

以上で、基準線の寸法調整は完了です。

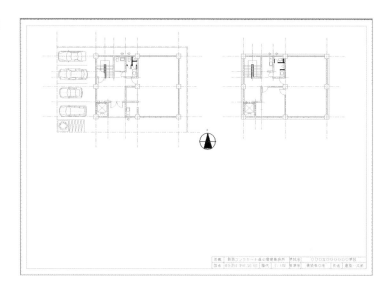

4.8.3 基準記号の作図

建築の平面図では、基準線の端に基準記号（通り芯番号）を付加します。ここではそれを作図しましょう。

1階平面図下端のX通りからかきます。まず、基準記号を納める○をかきます。

1 線色2（黒色）に切り替える。

2 「円弧」（○）コマンドで、コントロールバー「円弧」のチェックを外し、「半径」は空白（0または無指定）にする。

3 円の中心として、図の水色グリッドを🖱（右）する。

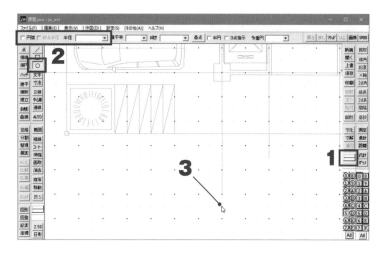

4 円の円周として、X通り左端の基準線端点（黒色グリッド）を🖱（右）する。

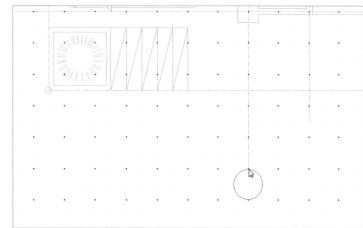

次に、**4**でかいた円の中に基準記号の文字を記入します。

5 ツールバー「文字」を🖱する（→p.53）。

6 コントロールバー「基点（左下）」を🖱し、表示される「文字基点設定」ダイアログで、「中中」を🖱して黒丸を付ける（→p.54）。

7 コントロールバーの書込み文字種ボタン（→p.55）を🖱し、表示される「書込み文字種変更」ダイアログで、「文字種[5]」を🖱して黒丸を付ける。

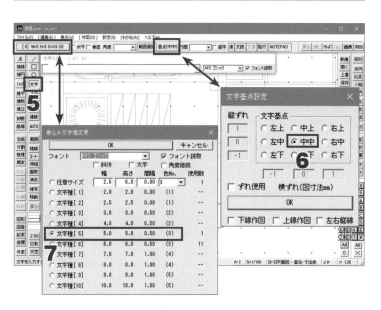

4 章

配置図兼平面図の作図

8 「書込み文字種変更」ダイアログが自動的に閉じるので、「文字入力」ボックスに、ここでは「X^d0」(0は数字のゼロ)と半角英数記号で入力する。

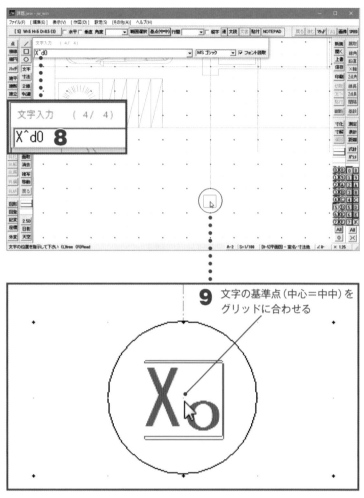

information

特殊な変形文字などの記入

ここで入力した「X^d0」は、「下付文字」に変換するJw_cad独自の文字書式指定です。記号「^d」の後ろに続く文字を書式に従って変換します。他にも多くの書式が用意されています(以下は一例)。

- m^u2　　^と小文字のユー
  → m² 上付文字
- ○^oア　　^と小文字のオー
  → ㋐ 前の記号の中央に、後の文字が重なる
- ○^wKK　^と小文字のダブリュ
  → ㊎ 前の記号の中央に、後の文字が半角2文字で重なる

9 マウスポインタの先に入力した文字列のサイズに合わせた仮の文字枠が表示されるので、3でかいた円の中心にある水色グリッドを🖱(右)して記入する。

9 文字の基準点(中心＝中中)をグリッドに合わせる

他の基準記号は、9でかいたものを複写して文字をかき替えることで作図します。

10 「複写」コマンドで、図のように基準記号全体を矩形範囲選択する(終点は🖱(右))。

11 複写の基準点を基準線の端点に設定する。

12 図のように、他の基準線端点を順次🖱(右)して、複写する。

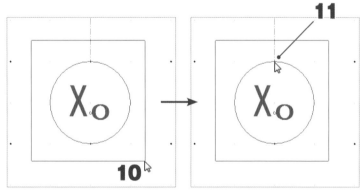

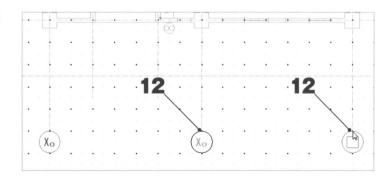

複写した基準記号の文字を正し
くかき替えます。

13 「文字」コマンドで、かき替
える「X_0」を🖱する。

14 「文字入力」ボックスに
「X^d0」と表示されるので、これ
を「X^d1」に変更する（「0」を
「1」にかき替える）。

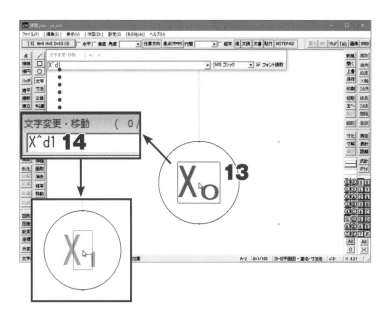

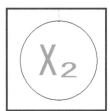

15 同様にして、「X_2」も正す。

同様にして、1階平面図左端の
Y通りも正します。

16 「複写」コマンドで、再び任
意（ここでは「X_0」）の基準記号全
体を矩形範囲選択する。

17 Y通りに複写するので、基準
点は円の右端とする（水色グリッ
ド）。

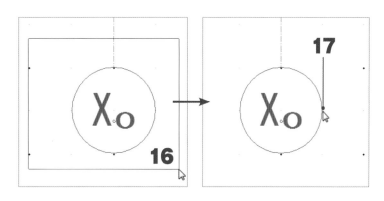

18 図のように、Y通り下端の
基準線端点（黒色グリッド）を
🖱（右）する。

基準点

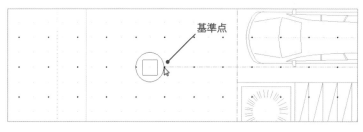

19 同様にして、「文字」コマン
ドで「X_0」を「Y_0」にかき替える。

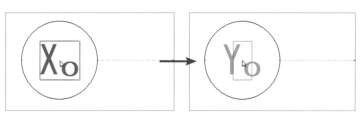

4章
配置図兼平面図の作図

20 同様にして、上にある基準線にも「Y₁」「Y₂」という基準記号を追加する。

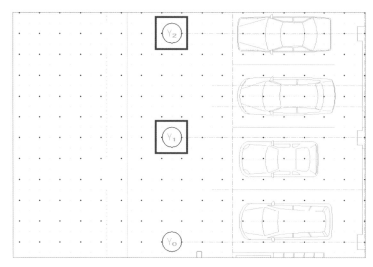

続いて、2階平面図にも基準記号をかきます。作図要領は1階平面図の場合と同様です。

21 「複写」コマンドで、図のように、1階平面図のX通りの基準記号をまとめて選択する。

22 複写の基準点を基準線の端点に設定する。

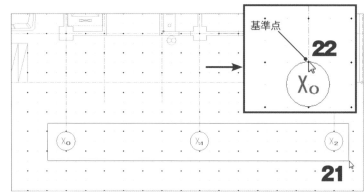

23 図のように、2階平面図の左下端の基準線端点を🖱(右)する。

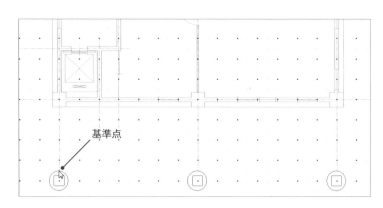

24 図のように、複写される。

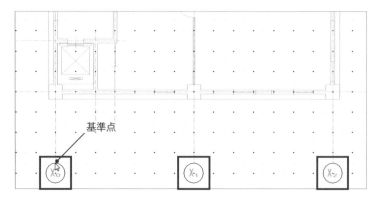

25 同様にして、「複写」コマンドで、図のように、1階平面図のY通りの基準記号をまとめて選択する。

26 基準点を図の位置に設定する。

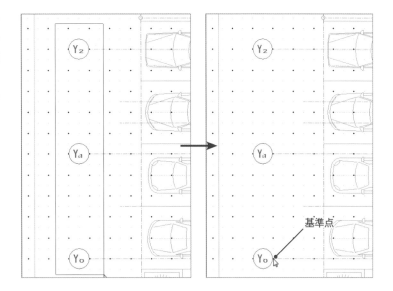

27 2階平面図の図の位置に複写する。

下図が基準記号の完成図例です。

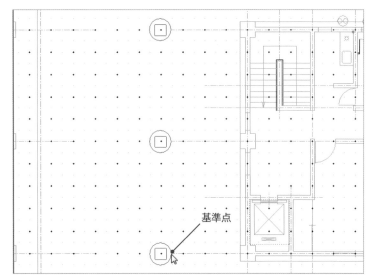

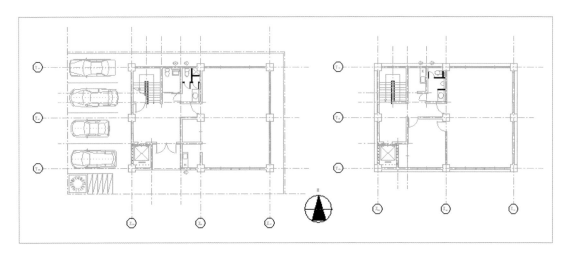

4
章

配置図兼平面図の作図

4.8.4 寸法の記入

続いて、基準線間に寸法を記入します。

まず、これから記入していく寸法の仕様を設定します。

1 ツールバー「寸法」(メニューバー「作図」→「寸法」)を🖱する。

2 コントロールバー「設定」を🖱する。

3 表示される「寸法設定」ダイアログで、図の2個所の数値を変更(または確認)し、「OK」を🖱する。

4 コントロールバーの左から3番目の記号ボタンを何度か🖱して、「－」表示の状態にする(または確認)。

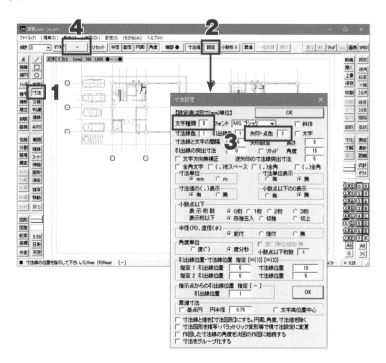

1階平面図に寸法を記入します。最初はX通りの水平寸法です。ステータスバーの操作ガイドを頼りに、操作を進めてください。

5 1階平面図上部に画面移動し、寸法線をかく水平位置として図の基準線端部を🖱(右)する。

赤色のガイド線が表示されます。この線上に寸法線がかかれます。

6 寸法の始点として、**5**と同じ端点を🖱(右)する。

見えづらいですが、小さい水色の○印が付きます。

7 寸法の終点として、図の基準線端点を🖱(右)する。

以上で、寸法が測定され記入されます。

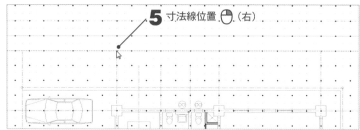

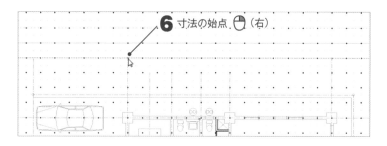

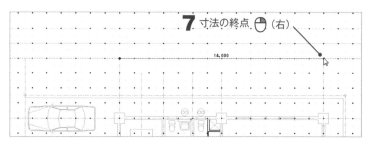

指定した寸法線位置上への寸法の記入が終わったので、寸法記入モードを一度リセットします。この操作を行わないと、いつまでも同じ寸法線位置上への寸法記入モードが続きます。

8 コントロールバー「リセット」を🖱する。

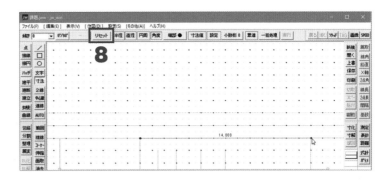

他の寸法および2階平面図にも寸法を順次記入してください。作図要領は同じなので、注意点だけ説明します。

9 寸法の終点とする端点がない個所は、終点と同じ位置にある読取点を🖱（右）して「引出線」を付ける。

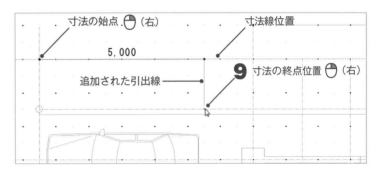

10 寸法を連続させる個所は、次の寸法の始点指示を省略し、終点を🖱（右）する。

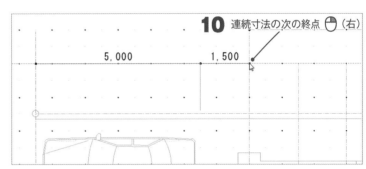

11 連続寸法の最後の終点も🖱（右）する（図は引出し線付き）。

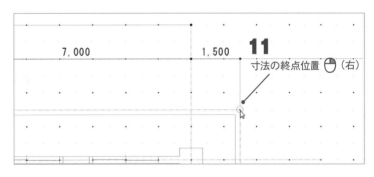

12 垂直寸法（90°傾けた寸法）を記入する個所は、コントロールバー「傾き」に「90」を入力する（1つ右の「0°/90°」を🖱しても設定できる）。それ以降の寸法記入操作方法は同じ。

13 コントロールバー「リセット」を🖱する。

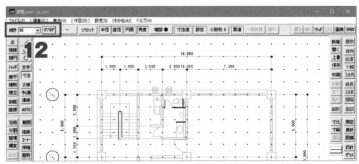

4章

配置図兼平面図の作図

4.8.5 出入口記号の作図

続いて、1階平面図の玄関ポーチに出入口記号（黒い正三角形）をかきます。「多角形」と「ソリッド」（着色）コマンドを使います。

1 ツールバー「多角形」（メニューバー「作図」→「多角形」）を🖱する。

2 コントロールバーの設定を図のように決める（寸法：300、角数：3）。

3 図のように、玄関ポーチの水色グリッドを🖱（右）する。

「ソリッド」（着色）コマンドを使って、三角形を黒く塗りつぶしましょう。

4 p.30で追加した「ユーザー(1)」ツールバーの「ソリッド」（着色）コマンドボタンを🖱する。

5 コントロールバー「任意色」を🖱してチェックを付け、続けて、コントロールバー「任意■」を🖱する。

6 表示される「色の設定」ダイアログで、色パレットから■■を🖱し、「OK」を🖱する。

7 作図ウィンドウに戻ったら、コントロールバー「円・連続線指示」を🖱する。

8 設定した黒色で着色する図形（ここでは三角形の任意の辺）を🖱する。

図のようになればOKです。

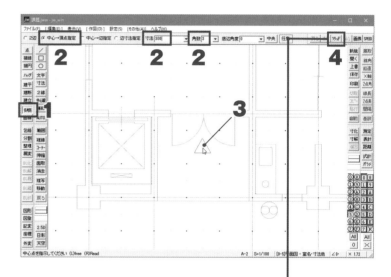

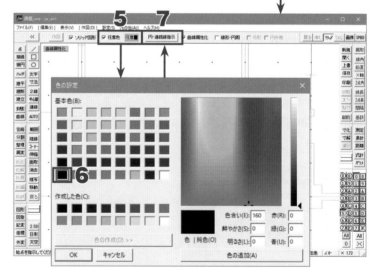

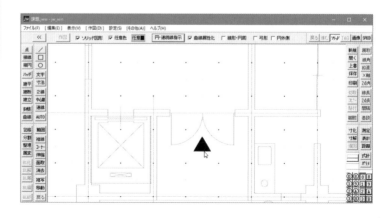

4.8.6 室名や説明などの文字を記入

続いて、室名、説明などの文字を記入します。文字の記入方法はp.165～で行った基準記号の記入方法と同じです。説明は省略するので、下図を参照に順次記入してください。

隣地境界線、道路境界線の文字は「文字種[2]」で、それ以外の文字は「文字種[3]」で記入します。文字の記入前に、階段の手すりに引出線を追加しておきます。

1「線」(／) コマンドで斜線と水平線の2本を別々にかいてから、「コーナー処理」コマンドで図のようにコーナーを作って連結する。斜線の先端には「点」コマンドで●印を付加する (→p.89)。

2「文字」コマンドで、「手すり」と記入する。

3 文字の記入位置に応じて、文字の基点を変更する (→p.54)。

4 文字種の切り替えは、コントロールバー左端のボタンを🖱してして表示される「書込み文字種変更」ダイアログで、文字種[1]～文字種[10]から選択する。

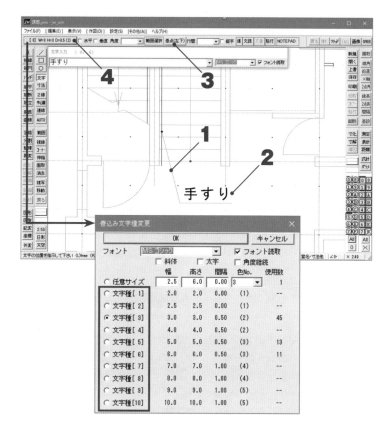

配置図兼1階平面図への文字記入

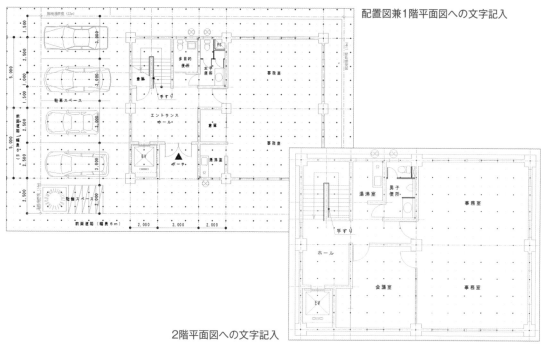

2階平面図への文字記入

4.8.7 切断線の作図

この後の5章で作図する「断面図」の切断位置を示す切断線は、平面図上にかきます。1階、2階とも同じ位置にかきます。

1 線属性を「線色1（水色）」「二点鎖1」に設定する。

2 「線」（／）コマンドの水平・垂直モードで、図の付近（基準線・壁・建具しかかかれていない位置）に垂直線をかく。

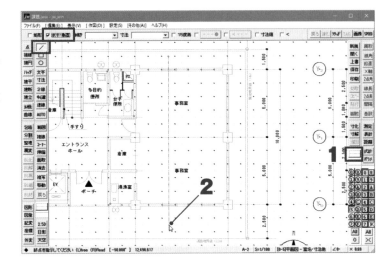

3 線属性を「線色3（緑色）」「実線」に変更する。

4 「線」（／）コマンドの水平・垂直モードのまま、コントロールバー「＜－－－」ボタン左のボックスにチェックを付け、ボタンを何度か🖱️して「＜－－－」の表示状態に設定する（または確認）。

5 図の位置に矢印付き水平線をかく。

6 コントロールバー「＜－－－」のチェックを外す。

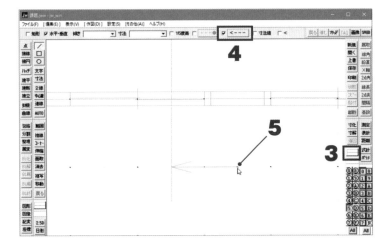

7 「文字」コマンドで、図の位置に、文字種[5]で半角英字の「A」を記入する。

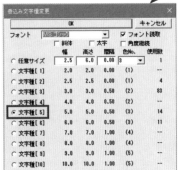

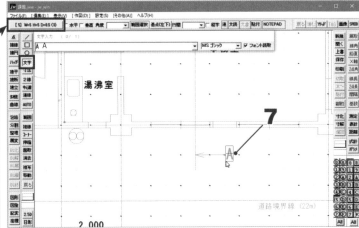

8「複写」コマンドで、**5〜7**でかいた矢印線と「A」の文字をまるごと平面図の上部にも複写する。

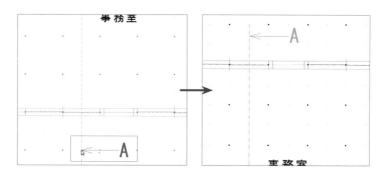

2階平面図の切断線は、1階平面図にかいたものをそのまま複写します。

9「複写」コマンドで、1階平面図の切断線および矢印線、文字をまとめて選択し、基準点を図の位置に設定して、2階平面図の同じ位置に複写する。

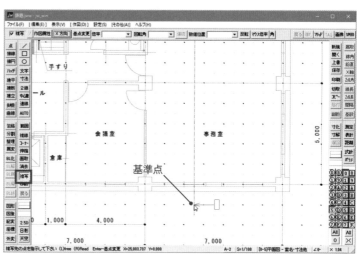

基準点

4.8.8 図面名と縮尺を作図して、平面図を完成

平面図作図の最後として、図面名と縮尺をかきます。図面名と縮尺を、線色3（緑色）、文字種［5］のまま「文字」コマンドで記入し、それらを囲む長方形の枠を「矩形」（□）コマンドでかきます。1階平面図、2階平面図ともにかきます。

1「文字」コマンドを選択し、文字種［5］、「基点（中中）」の設定で、1階平面図の図の位置（文字列中心が黒色グリッド）に「配置図兼1階平面図（S＝1/100）」を記入する。

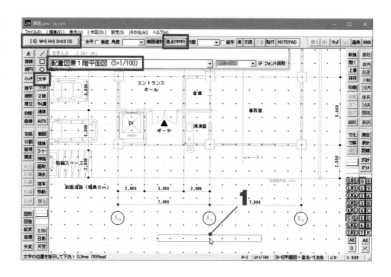

配置図兼1階平面図（S=1/100）

2 同様に、2階平面図の図の位置（文字列中心が黒色グリッド）に「2階平面図（S＝1/100）」を記入する。

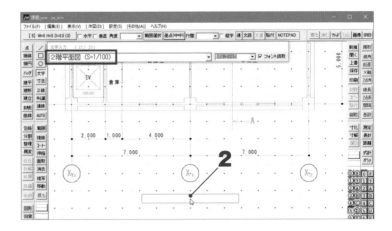

3 線色2（黒色）に切り替える。

4 「矩形」（□）コマンドを選択し、図のように1階平面図の図面名と縮尺の文字列を囲む（だいたいでよい）長方形をかく。

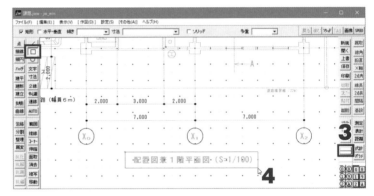

5 同様に、2階平面図の図面名と縮尺の文字列を囲む（だいたいでよい）長方形をかく。

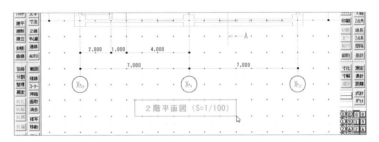

6 上書き保存する。

以上で、図面名と縮尺の作図は完了です。これで、配置図兼1階平面図・2階平面図は完成です。

 CH4-08.jww

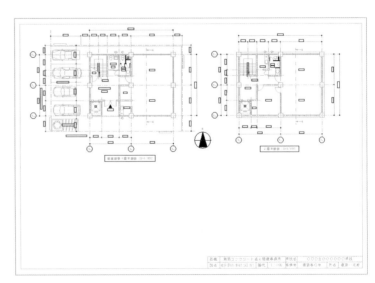

この5章では、「鉄筋コンクリート（RC）造2階建事務所」の断面図を作図します。4章でかいた平面図を利用して、図面間の整合性を図るため、必要に応じて平面図の基準線や柱や壁や開口部の線などを断面図エリアまで伸ばしながら作図していきます。そうすることによって矛盾のない正確な図面が作図できることになります。ディスプレイサイズが小さいと作業しづらいことがありますが、図面どうしの位置関係を正確に合わせる作業なので、確実に行ってください。なお、断面図の作図には平面図のデータを利用して作図するため、とりあえず用紙枠左外側の余白で作図し、外形の作図が終わったら用紙枠内の適切な位置（ここでは表題欄上部）に移動します（→p.212）。したがって、この5章の練習用データを開いた時には断面図が見えません。十分に縮小表示（→p.56）して、用紙枠の左外側を作図ウィンドウ内に表示するように調整してください。

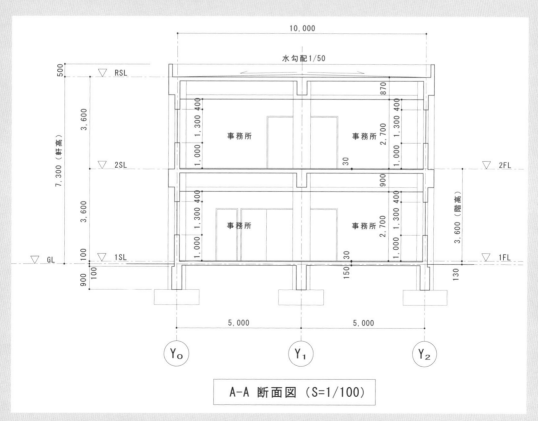

A-A 断面図 （S=1/100）

5.1 断面図作図の前に

ここでは、「鉄筋コンクリート (RC) 造2階建事務所」の断面図についての基礎知識を学びます。製図のポイントおよび解説図などをしっかり理解してから作図を始めるようにしてください。また、4章でかいた平面図を回転複写して、断面図をかくための準備もします。

製図のポイント

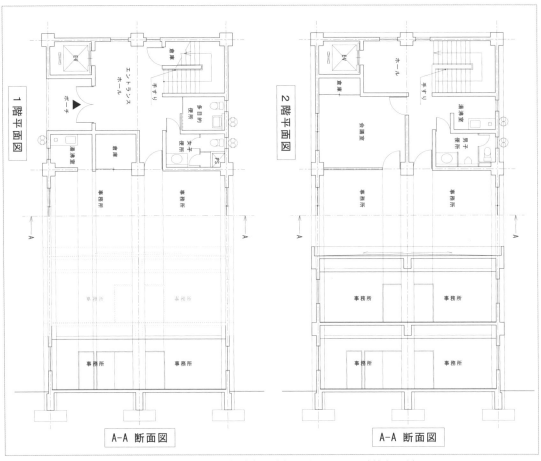

平面図と断面図の関連性（赤色の線部分が図面間の関連性を示す）

【 断面図の作図法 】

① 断面図とは、平面図上に示した切断位置（切断線）で建築物を鉛直面に切断し、建築物の内部を人の目線で表した図面です。見る方向は平面図上に示した切断線の矢印の向きで指示します。

② 断面図は、建築物と地盤との関係や各部の高さや形状を示すことが目的です。

③ 切断位置（切断線）は、できるだけ開口部がある部分を通るようにします（4章の平面図を参照）。

④ 平面図上で切断位置（切断線）が直角に曲がって指示されている場合は、その線に沿った断面を作図します。

⑤ 断面図に記入する要素は、基準地盤線＜GL＞（グランドライン：Ground Line。地面高さ）、床版線＜SL＞（スラブライン：Slab Line。床版高さ）、床高線＜FL＞（フロアライン：Floor Line。仕上床高さ）、軒高、最高高さ、屋根勾配、軒の出、各室の天井高、開口部高、床の高低差、室名などがあります。

⑥ 断面線には高さ方向の基準線があり、これを「Z」系列で表記します。　※ 本書では省略しています。

⑦ 断面線は極太線の実線（本書では「線色3（緑色）」「実線」）、姿線（→p.188）および屋根の勾配記号（────▶）は細線の実線（本書では「線色1（水色）」「実線」）でかきます。

⑧ 床の仕上線は断面線ですが、躯体の断面線とごく近いので印刷した際に重なる可能性があり、太線の実線（本書では「線色2（黒色）」「実線」）でかきます。

⑨ 断面図をかく時は、平面図（および屋根伏図）を用紙枠の周囲に仮配置し、必要に応じて、それらから線を伸ばしてきます（→前ページ）。

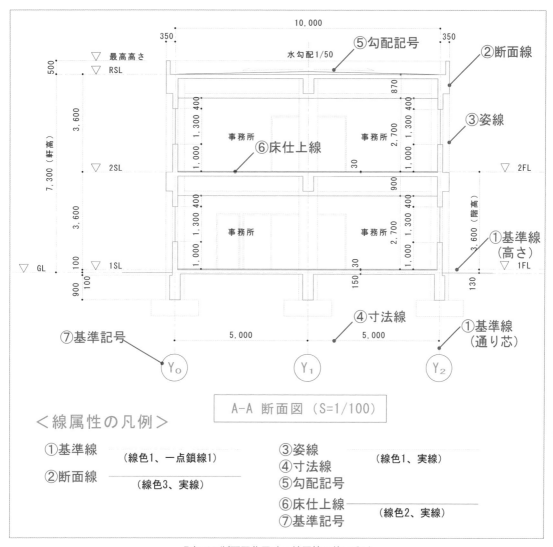

5章での断面図作図時の線属性の使い分け

5 章 断面図の作図

5.1.1 作図済みの平面図を回転複写

断面図は、平面図と関連付けるため、平面図（1階、2階）部分を複写して利用します。その場合、平面図と断面図の東西南北が合い、切断線の矢印が上向きになるよう、時計回りに90°回転させます。複写先は用紙枠の左外側の余白です。

1 Jw_cadを起動して、4章の最後に保存した図面ファイル「課題.jww」（または練習用データ「CH4-08.jww」）を開く。

2 書込レイヤを5（書込レイヤグループは0）、他のレイヤをすべて編集可能レイヤに切り替える（または確認）。

3 線属性は線色2（黒色）、実線に設定する（または確認）。

4 「複写」コマンドで、図に示すように、平面図全体を矩形範囲選択する。

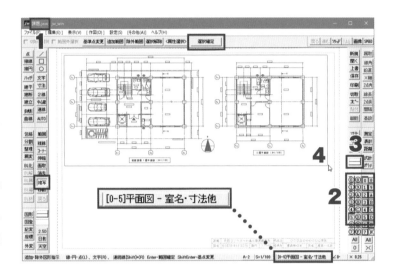

5 複写の基準点を、図に示す2階平面図の右上基準線交点とする。

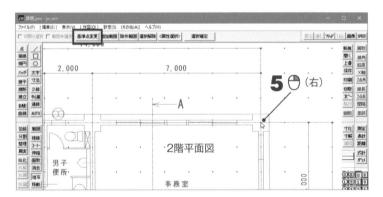

6 コントロールバー「回転角」に「−90」を設定する（図はメニューから選択する場合）。

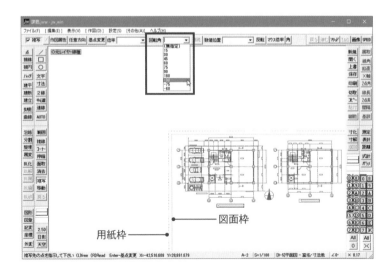

7 図のように、左上余白に複写する。だいたいの位置でよいが、必ず黒色グリッドを🖱(右)して複写する。

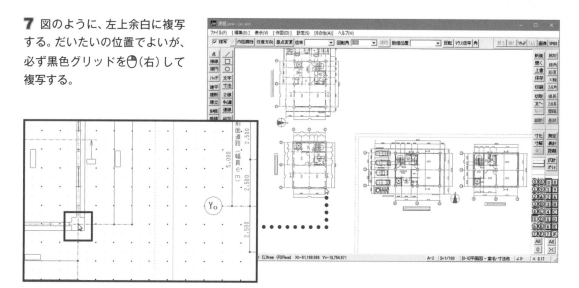

下図のようになればOKです。

8 上書き保存する。

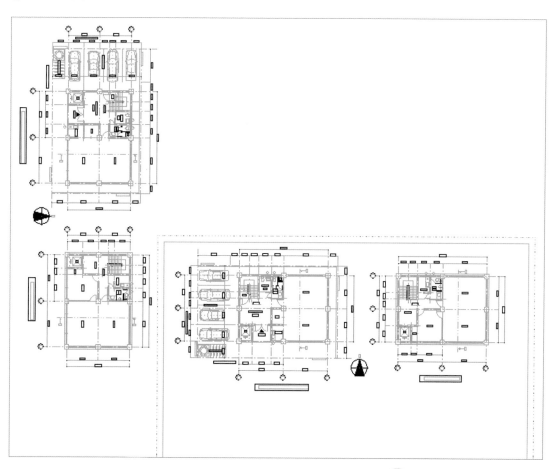

Ⓖ Ⓓ CH5-01.jww

5.2 基準線、基準記号、図面名の作図

ここでは、前5.1節で回転複写した平面図を利用して、断面図の柱・壁の基準線、高さの基準線、基準記号、図面名をかきます。断面図は用紙枠の左外側の余白にかいていくので、練習用データを使用する場合、画面を十分に縮小し、用紙枠の左外側を作図ウィンドウに表示させてください（以下同）。

製図のポイント

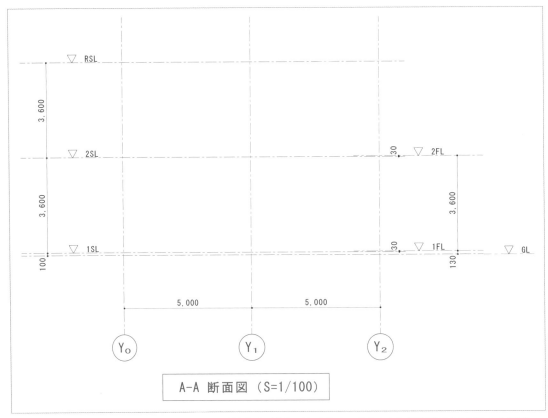

基準線などの完成図例（赤色の線がここでかく基準線、基準記号、図面名。寸法や高さ基準記号は作図時の参照用）

① 作図するレイヤは、1レイヤグループの0レイヤです。レイヤグループ名は「断面図」、レイヤ名は「基準線」です（3章で設定済み）。
② 基準線は、細線の一点鎖線で作図します。本書では、線色「線色1（水色）」、線種「一点鎖1」を使用します。
③ 基準記号および図面名は、平面図でかいたものをコピーして、一部編集して使います。

5.2.1 基準線の作図

引き続き、前5.1節で平面図を複写した図面ファイル「課題.jww」（または「CH5−01.jww」）に作図します。
回転複写した平面図を利用して、基準線の整合性に注意しながら、断面図の柱や壁、高さの基準線をかいていきます。だいたいの寸法でかいておき、後で調整します。この方が簡単です。

1 図面ファイル「課題.jww」(または「CH5−01.jww」)の図の部分(回転複写した平面図の下方)を画面に拡大表示する。

2 書込レイヤグループを1に、書込レイヤを0に、切り替える。

information

断面図の作図なので、書込レイヤグループを切り替えます。

3 線色1(水色)、一点鎖1に切り替える。

4 「線」(／)コマンドの水平・垂直モードで、回転複写した平面図の、図に示した基準線下端から下方向に十分な寸法の垂直線(断面図の柱や壁の基準線にする)をかく。図のように、3本ともかく。

5 続けて、図の黒色グリッド上に適当な寸法の水平線をかく。

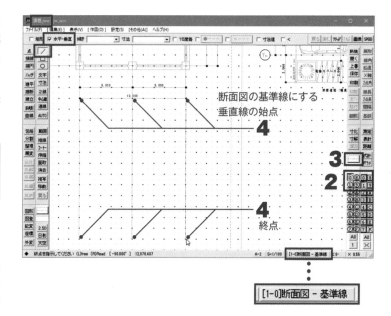

断面図の基準線にする垂直線の始点

4

終点

[1-0]断面図 − 基準線

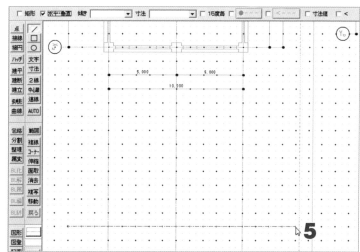

6 「複線」コマンドで、**5**でかいた水平線を、間隔100で上に複線し、さらに間隔3600で上に2本連続複線する。以上4本の水平線を、それぞれ図に示した断面図の高さの基準線(→p.178)にする。

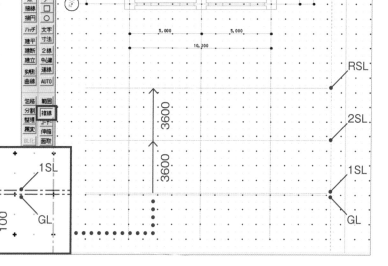

RSL

2SL

1SL

GL

3600

3600

1SL

↑100

GL

7 同様にして、**6**でかいた1SL および2SLから、それぞれ間隔 30で上に複線して、それぞれ 1FL、2FLとする。

ここでは、1SLから間隔30の複 線を作図した後、その線から間 隔3600の複線を作図し、2SLか ら間隔30の2FLとする。

information

線間隔30は狭いので、作図時は画面 を十分に拡大表示させてください。

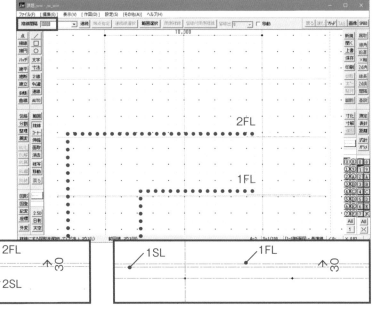

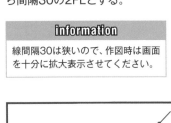

5.2.2 基準記号と図面名の作図

続いて、基準記号と図面名をかきます。基準記号は、平面図のものを複写して編集すれば済むのですが、前章 でかいた平面図と本章でかく断面図は書込レイヤグループが異なります（→前ページ）。断面図のレイヤグル ープ1と平面図のレイヤグループ0は同じ図面上に見えていますが（レイヤグループ0も編集可能状態なので）、 データ上では別のシートになります（→p.39～40）。図形や文字を異なるレイヤ間で複写・移動する場合は 「複写」コマンドが使えません。「コピー」&「貼り付け」コマンドを使います。とても重要な知識なので、必ず覚 えてください。また、「コピー」&「貼り付け」を使う場合は、その前に「範囲選択」コマンドを使って「コピー」 &「貼り付け」する図形を選択する必要があります。あわせて覚えてください。

1 ツールバー「範囲」（範囲選択 コマンド）を🖱する（→p.49）。

2 図のように、2階平面図の 3個所の基準記号をまとめて矩形 範囲選択する。

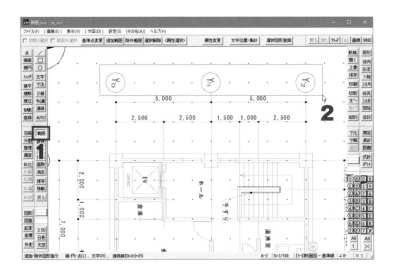

3 コントロールバー「基準点変更」を🖱し、図の水色グリッドがある円周上を🖱(右)して基準点に設定する。

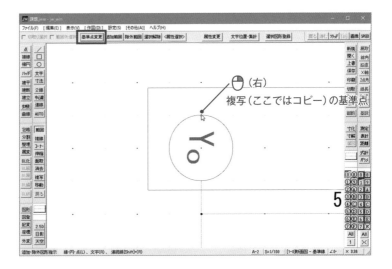

4 ツールバー「コピー」(メニューバー「編集」→「コピー」)を🖱する。

作図ウィンドウ左上に「コピー」と表示される以外、画面上の変化はありません。Windowsのクリップボード(一時保存メモリ)に選択した図形が保存されます。

information

「図形複写」と「コピー」の違い
「図形複写」では、複写元図形と同じレイヤに複写先図形がかかれますが、「コピー」&「貼り付け」では、コピー元図形はその時の書込レイヤに貼り付けられます。よってここでは0レイヤグループに作図した基準記号を「コピー」して、それが1レイヤグループに貼り付けられます。

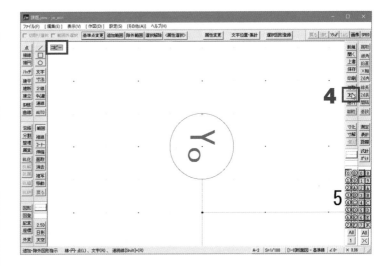

5 ツールバー「貼付」(メニューバー「編集」→「貼り付け」)を🖱する。

6 p.182でかいた基準線の下端点を基準点にして貼り付ける。

information

「貼り付け」を行うと作図ウィンドウ左上に「●書込レイヤに作図」と表示され、異なるレイヤ(ここでは異なるレイヤグループ)間でデータが受け渡されたことがわかります。

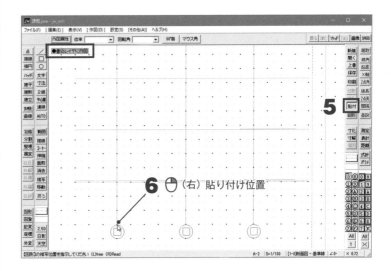

5章 断面図の作図

7 「文字」コマンドで、図のように、**6**で「コピー」＆「貼り付け」した基準記号「Y₀」を○する。

「文字入力」ボックスが「文字変更・移動」ボックスに切り替わり「Y^d0」が自動入力されます。

8 文字基点を「中中」に設定する。

9 コントロールバー「角度」を「(無指定)」(または「0」か空白)に設定し、「Enter」キーを押す。

図のように、設定してあった－90°の回転が解除され、正しく上を向きます。

10 同様に、他の2個所の基準記号も回転解除を行う。

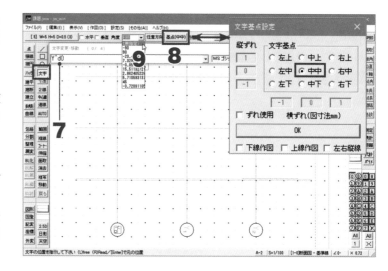

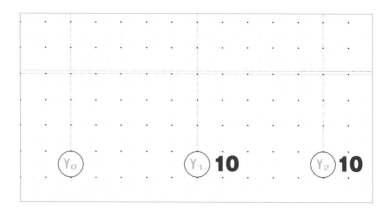

続けて、図面名をかきます。基準記号同様、「範囲選択」コマンドと「コピー」＆「貼り付け」コマンドで行います。

11 「範囲選択」コマンドで、図のように、元の(回転複写していない)1階平面図の図面名と枠を矩形範囲選択する。

12 基準点は枠の左上頂点に設定する。

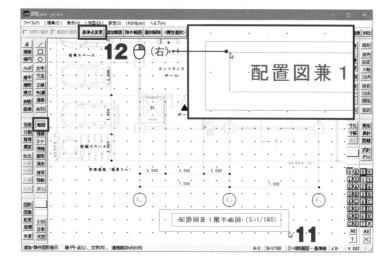

13 「コピー」&「貼り付け」コマンドを実行し、図のように、断面図下方の適当な位置に貼り付ける。

文字基点を「左下」に設定する。

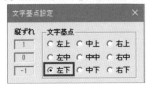

14 「文字」コマンドで、図面名を「A-A 断面図（ S=1/100）」に変更する。

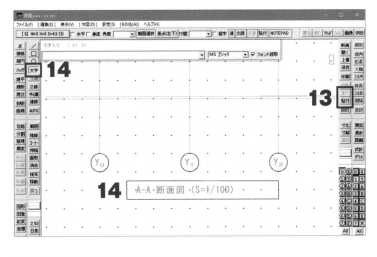

枠が右に長過ぎるので縮めます。このような場合は、「パラメトリック変形」コマンドが便利です（→p.125）。

15 ツールバー「パラメ」（パラメトリック変形コマンド）を🖱する。

16 変形する部分を図のように矩形範囲選択する。

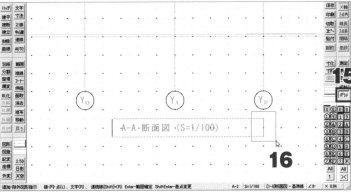

17 コントロールバー「基準点変更」を🖱し、変形する始点として枠の右下頂点を🖱（右）する。

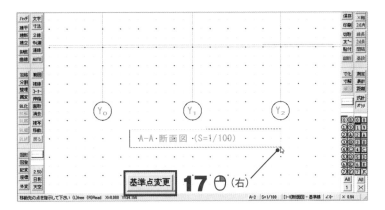

18 マウスポインタを移動して、変形先で🖱（右）する。

19 上書き保存する。

Ⓒ Ⓓ CH5-02.jww

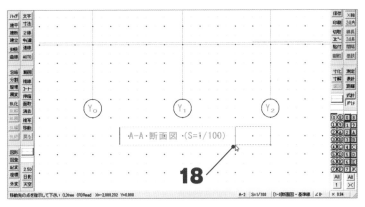

5.3 断面線や姿線などの作図

ここでは、前5.2節でかいた基準線を基に、平面図のデータを利用しながら、屋根・壁・梁・床・開口部の断面線や、柱・室内の姿線(切断されていない面の線)をかきます。画面表示倍率や表示範囲を頻繁に切り替えないと複線の位置関係のわかりにくい作業が続きますが、要点を理解してください。

製図のポイント

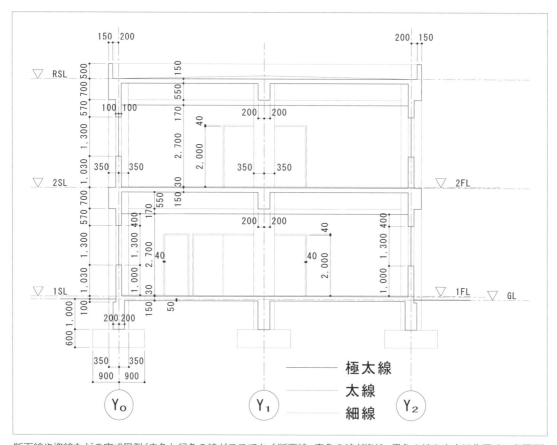

断面線や姿線などの完成図例(赤色と緑色の線がここでかく断面線、青色の線が姿線、黒色の線や文字は作図時の参照用)

① 作図するレイヤは、1レイヤグループの1レイヤです。レイヤグループ名は「断面図」、レイヤ名は「断面線・姿線」です(3章で設定済み)。

② 断面線は、極太線の実線(本書では「線色3(緑色)」「実線」)でかきます。

③ 姿線は、細線の実線(本書では「線色1(水色)」「実線」)でかきます。

5.3.1 Y₀通りの断面線を作図

まず、Y_0通り基準線の断面線をかきます。かなり細かい線の構成になりますが、基本的には、前ページの完成図例で位置や寸法値を参照しながら、「線」「2線」「複線」コマンドでかいては「コーナー処理」「包絡処理」コマンドでコーナーを作ったり、線を整理する操作の繰り返しになります。操作ステップは多いので、画面図を目で追うだけでもけっこうです。

1 図面ファイル「課題.jww」(または「CH5−02.jww」)を開き、書込レイヤを1に切り替え、0レイヤは表示のみに切り替える(書込レイヤグループは1のまま)。

2 線色3(緑色)、実線に切り替える。

Y_0通り基準線の壁の断面線からかいていきます。

3 「2線」コマンドで、Y_0通り基準線を2線の基準線として、間隔「100,100」で2線をかく。始点・終点はRSLやGLを突き抜けていれば、だいたいでよい。

4 「複線」コマンドで、Y_0通り基準線を間隔350で左に複線する。

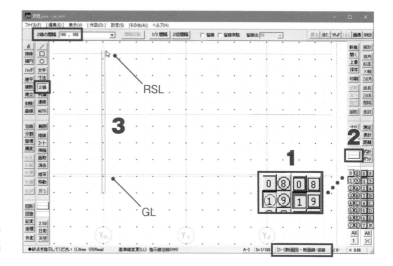

5 続けて「複線」コマンドで、RSLの基準線を、間隔500で上に端点指定複線する。

6 また、RSLの基準線を、間隔700で下に端点指定複線する。

7 さらに、**4**で複線した垂直線を、間隔150で右に端点指定複線する。

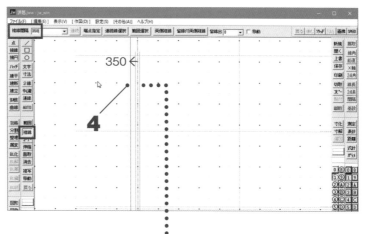

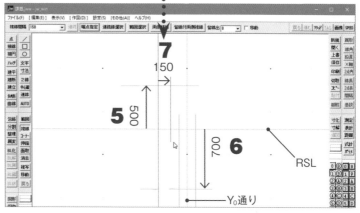

8 「線」(／) コマンドの水平・垂直モードで、RSL上に重ねて水平線をかく。始点は前ページ**7**で複線した垂直線とRSLの交点、終点は図のようなだいたいの位置とする。

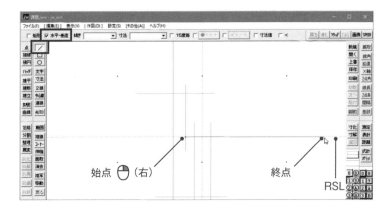

始点 🖱 (右)　　　　　終点

RSL

9 「複線」コマンドで、**8**でかいた水平線を、間隔150で下に複線する。

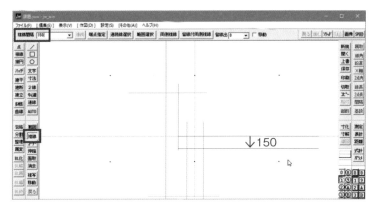

↓150

10 「コーナー処理」コマンドで、図の2本の線で凸コーナー(外側に出っ張ったコーナー)を作る。

10 ——

11 同様に、図の個所で凸コーナーを作る。

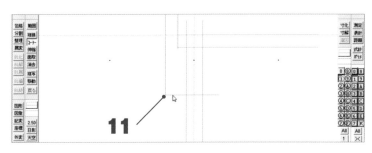

11

12 同様に、図の個所で凹コーナー(内側に食い込んだコーナー)を作る。

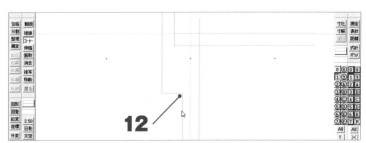

12

13 同様に、図の個所で凹コーナーを作る。

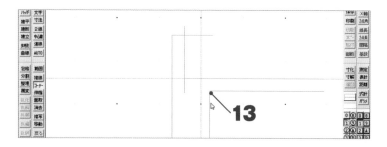

14 同様に、図の個所で凸コーナーを作る。

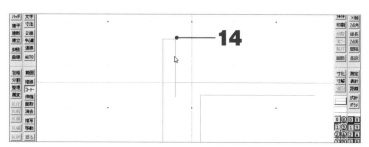

15 同様に、図の個所で凹コーナーを作る。

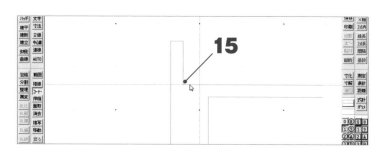

16 「線」(／) コマンドの水平・垂直モードで、2SL上に重ねて水平線をかく。始点は外壁線、終点は図のようなだいたいの位置とする。

17 さらに、図のような垂直線をかく。始点は上部頂点、終点は図のようなだいたいの位置とする。

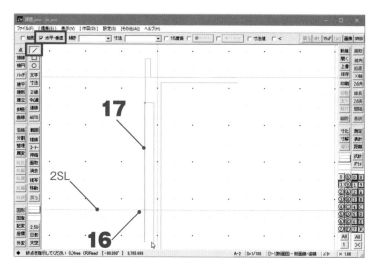

18 さらに、2SL上に重ねて図の位置に水平線をかく。始点は内壁線、終点は図のようなだいたいの位置とする。

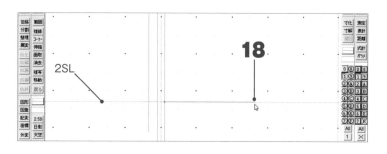

19 「複線」コマンドで、**18**でかいた水平線を、間隔150で下に複線する（基準線と重なっていて選択できない場合は「Ctrl」キーを押しながら水平線を🖱️する）。

20 同様に、**16**でかいた水平線を、間隔700で下に複線する。

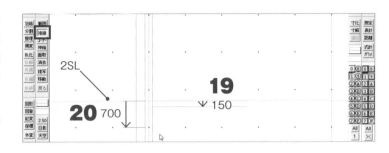

21 「コーナー処理」コマンドで、図の個所で凸コーナーを作る。

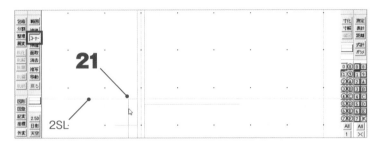

22 同様に、図の個所で凸コーナーを作る。

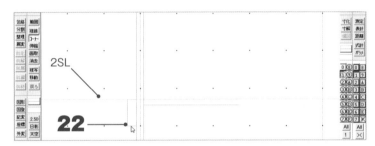

23 ツールバー「包絡」（包絡処理コマンド）を🖱️する。

24 図のように、線が入り組んで交差している個所全体を矩形範囲選択で囲む。

下図のように1回の操作で不要線が整理できます。

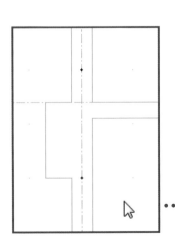

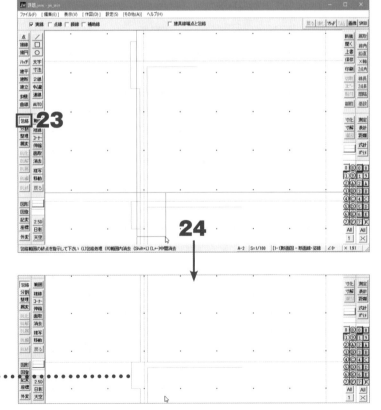

25 「線」(／)コマンドの水平・垂直モードで、1SL上に重ねて水平線をかく。始点は壁線、終点は図のようなだいたいの位置とする。

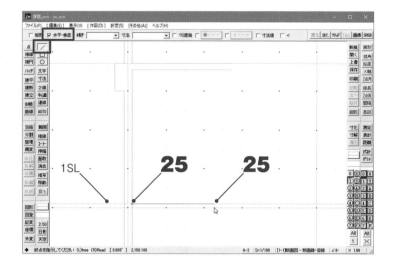

26 「複線」コマンドで、**25**でかいた水平線を、間隔150で下に複線する。

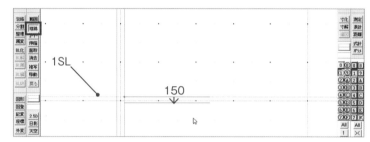

27 続けて、GL基準線を、間隔1000で下に端点指定複線する。

28 再び、GL基準線を、間隔100で下に端点指定複線する。

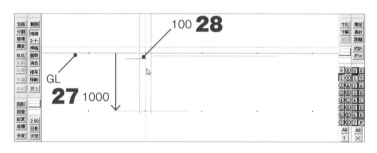

29 「2線」コマンドで、Y_0通り基準線を2線の基準線として、間隔「200，200」で2線をかく。上端点がGL基準線の上まで、下端点が**28**で複線した水平線の下まで突き抜けていれば、だいたいでよい。

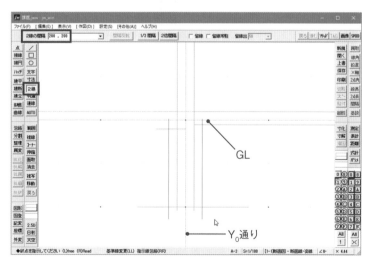

30 「コーナー処理」コマンドで、図の個所で凹コーナーを作る。

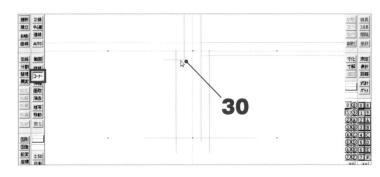

31 同様に、図の個所で凸コーナーを作る。

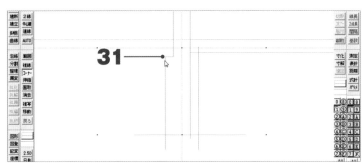

32 同様に、図の個所で凸コーナーを作る。

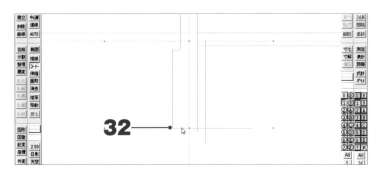

33 同様に、図の個所で凸コーナーを作る。

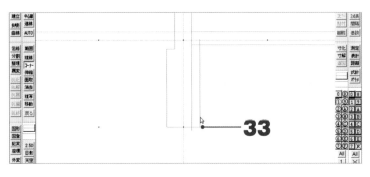

34 同様に、図の個所で凹コーナーを作る。

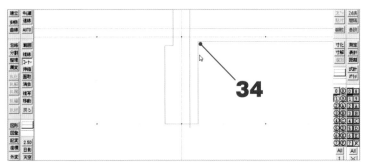

35 同様に、図の個所で凹コーナーを作る。

36 上書き保存する。

 CH5-03A.jww

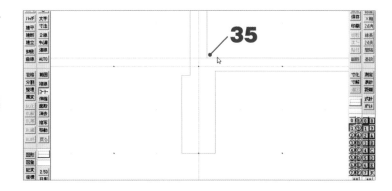

5.3.2 Y₀通りの開口部の断面線を作図

次に、基準線Y₀通りの開口部の断面線をかきます。単調な作図が続きますが、正確にかき進めてください。もちろん、練習用データの利用を前提に、画面図を目で追うだけでもけっこうです。

1 「複線」コマンドで、1SL基準線を、間隔1030で上に端点指定複線する（開口部の線なので壁厚にピッタリ渡るようにする）。

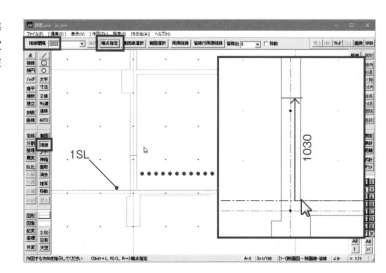

2 続けて、**1**で複線した壁内の水平線を、さらに間隔1300で上に複線する。

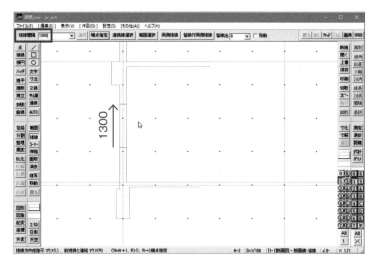

前項までにかいた2本の水平線が開口部の上下の高さ線になるので、これらをまとめて他の個所にも複写します。

3 「複写」コマンドで、図のように矩形範囲選択する。

4 基準点を、図のように1SL基準線とY_0通り基準線の交点に設定する。

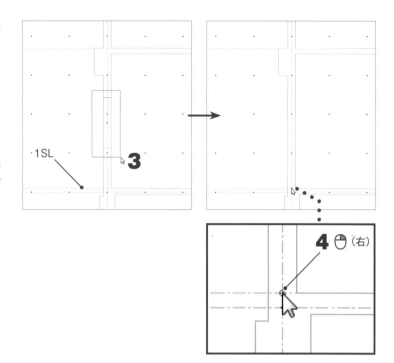

5 画面を上に移動し、複写先として、2SL基準線とY_0通り基準線の交点を🖱(右)する。

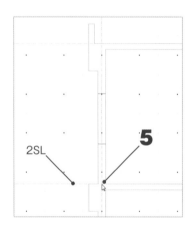

6 「消去」コマンドの「節間消し」(→p.77)で、図のように4本の線(薄い赤色の線部分)を消去して、開口部にする。

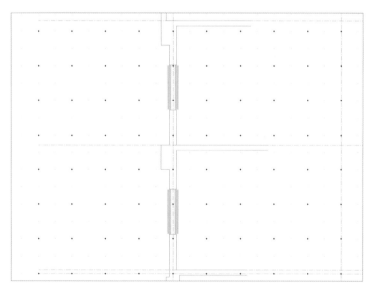

7 「線」(／)コマンドの水平・垂直モードで、**6**で開けた2階開口部の基準線上に垂直線を重ねてかく。

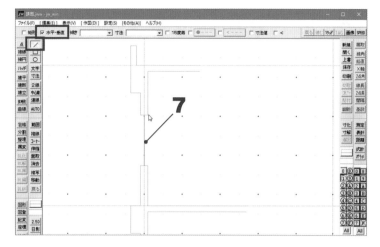

8 線色1(水色)に変更して、図のように、2階部分の開口部の壁線上を再び垂直線でつなぐ。

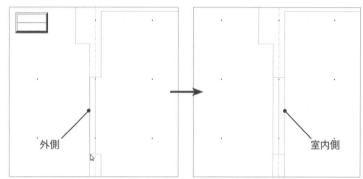

外側　室内側

9 「複写」コマンドで、図のように開口部の3本の垂直線を矩形範囲選択し、上下の水平線を除外する。

10 基準点を図の頂点に設定する。

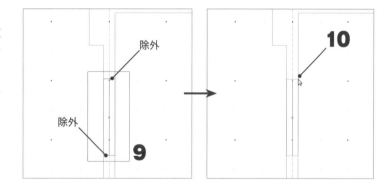

除外　除外

11 図のように、1階開口部に複写する。

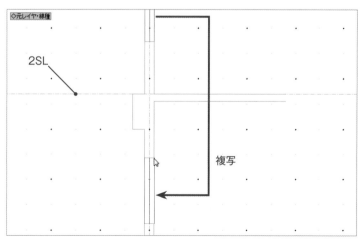

2SL　複写

5.3.3 Y_0通りの柱の姿線を作図

次は、基準線Y_0通りの柱の姿線をかきます。

1 「線」（／）コマンドの水平・垂直モードで、2階の図の位置に垂直線をかく。

2 同様に、1階の図の位置に垂直線をかく（下端は基礎から離れたままにしておく）。

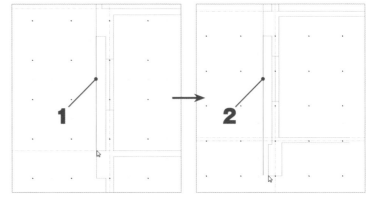

3 「複線」コマンドで、Y_0通り基準線を間隔350で右に端点指定複線する。図のように、始点と終点を順次🖱(右)する。

4 「消去」コマンドの「節間消し」で、**3**でかいた垂直線が天井－床を貫通する個所の垂直線（薄い赤色の線部分）を消去する。

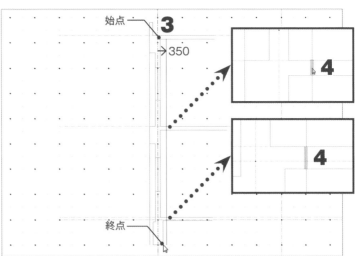

始点

3

→350

4

4

終点

5.3.4 Y_0通りの基礎の姿線を作図し、Y_0通りの線をY_2通りに反転複写

続けて、基準線Y_0通りの基礎の姿線をかき、Y_0通りの断面線をそのままY_2通りに反転複写します。

1 「2線」コマンドの振り分け間隔900で、GL基準線下方のY_0通り基準線を2線の基準線として、図のような始点・終点（下方の端点はだいたいでよい）の2線をかく。

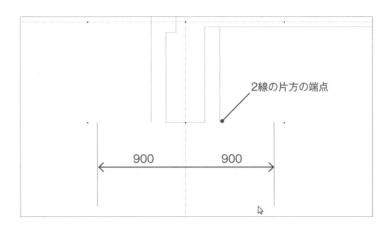

2線の片方の端点

900　　900

2「複線」コマンドで、図のように基礎下辺の線を、間隔600で下に複線する。

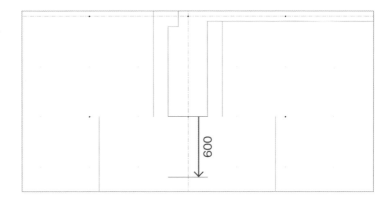

3「線」(／)コマンドの水平・垂直モードで、図のように、基礎下辺と、**1**でかいた2線（垂直線）を結ぶ水平線をかく（左右2本）。

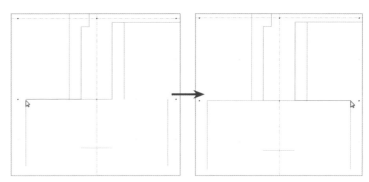

4「コーナー処理」コマンドで、**1**〜**3**でかいた線を組み合わせ、図のように2個所にコーナーを作って、基礎フーチンの矩形を形成する。

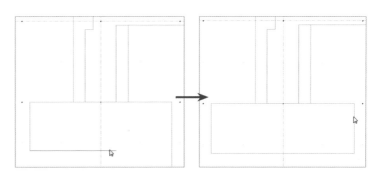

かき終わったY$_0$通りの断面線全体を反転複写（→p.82）して、Y$_2$通りの断面線にします。反転複写の基準線（対象線）はY$_1$通り基準線になります（Y$_0$−Y$_1$間、Y$_1$−Y$_2$間が同じ寸法なので）。

5「複写」コマンドで、Y$_0$通りの断面線の姿線全体を矩形範囲選択する。

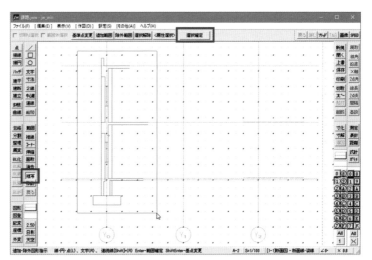

6 コントロールバー「反転」を🖱️する。

7 反転複写の基準線（線対称軸）として、Y₁通り基準線を🖱️する。

© Ⓓ CH5-03B.jww

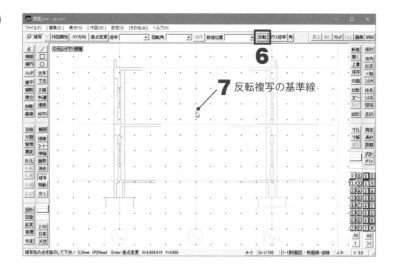

5.3.5 Y₁通りの断面線を作図

続けて、基準線Y₁通りの断面線をかきます。操作ステップが多いので、簡略化して説明します。

1 線色3（緑色）、実線に切り替える。

2 RSL（X₂通り）付近に画面表示を移動して、「2線」コマンドの振り分け間隔200で、Y₁通り基準線から図のような位置に2線をかく。

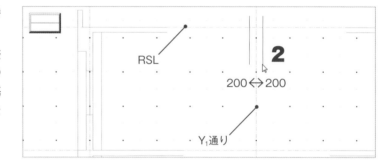

3 「複線」コマンドの間隔700で、RSL（X₂通り）基準線から図のような位置に端点指定複線をかく。

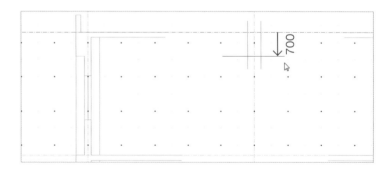

4 「コーナー処理」コマンドで、2階天井線および**2**と**3**でかいた3本の線を順次指示して、図のように4個所のコーナーを作る。

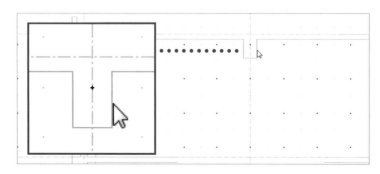

5 引き続き「コーナー処理」コマンドで、図のように、途中がまだかかれていない線色3（緑色）の水平線を順次🖱して連結する。

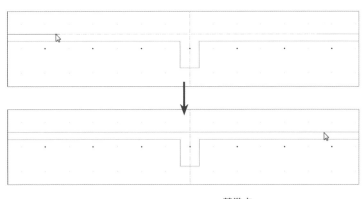

6 「複写」コマンドで、図のように、**4**で完成した2階天井梁の形を、1階天井に複写する。

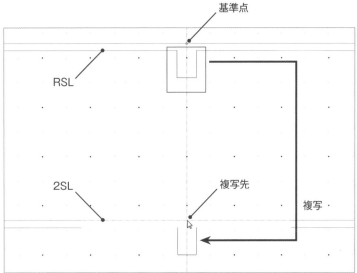

7 「コーナー処理」コマンドで、2SL部分にもコーナーを作り、上の線の断線も解消する。

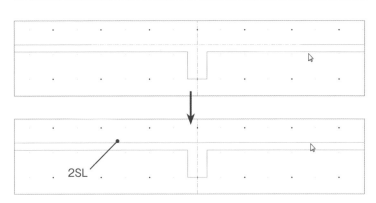

8 「複写」コマンドで、Y₀通りの基礎姿線部分を矩形範囲選択する（選択後、図に示すように、垂直線を1本追加し、1本除外する）。

9 基準点を図の交点に設定する。

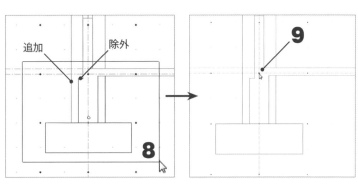

5章　断面図の作図

10 Y₁通りの図の位置に複写する。

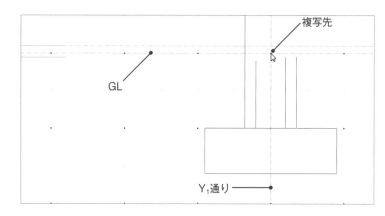

11 RSL部分、2SL部分と同様に、コーナー処理で線色3（緑色）の線の交差状態を正す。

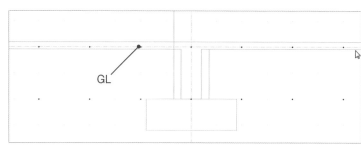

12 「伸縮」コマンドで、基礎から出ている垂直線を、RSL下の水平線まで伸ばす。

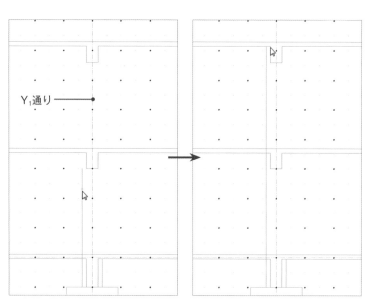

13 「消去」コマンドで、**12**でかいた垂直線が床を突き抜けている部分（2SL付近、1SL付近）を消去する。

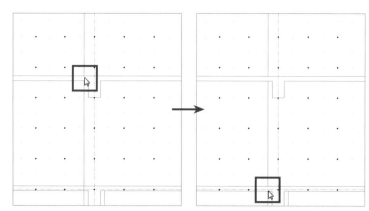

14 「複写」コマンドで、**12**〜**13**でかいた垂直線を矩形範囲選択し、Y₁通り基準線の反対側に反転複写する。

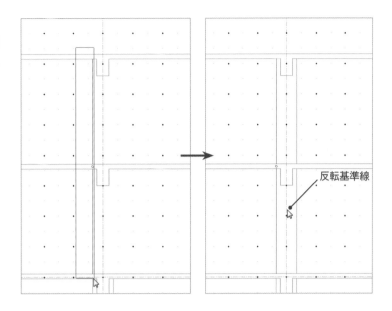

反転基準線

5.3.6 天井の断面線を作図

続けて、天井の断面線をかきます。

1 「複線」コマンドで、間隔2730で、床の水平線を上方向に複線して、天井の断面線をかく。1階・2階とも同じ。

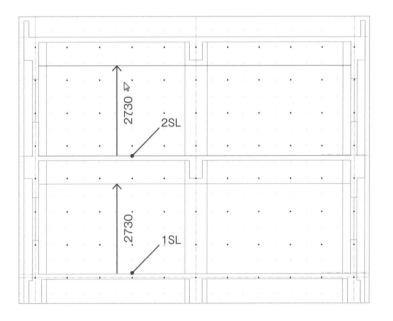

2730

2SL

2730.

1SL

5章　断面図の作図

5.3.7 梁とパラペットの姿線を作図

続けて、梁とパラペットの姿線をかきます。

1 線色1（水色）に切り替える。

2 「複線」コマンドで、RSL下の図の水平線を、間隔550で下に端点指定複線して、梁の姿線をかく。

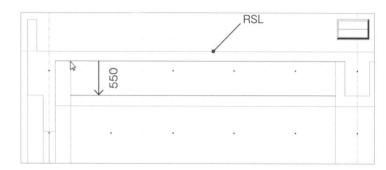

3 2SL付近も同様に複線する。

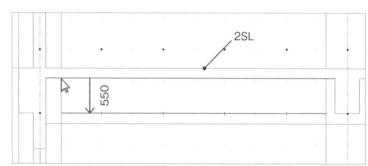

4 「複写」コマンドで、**2**〜**3**でかいた2本の水平線を矩形範囲選択する。

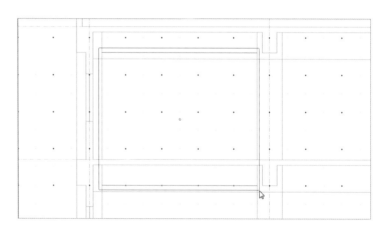

5 Y₁通り基準線の反対側に反転複写して、梁の姿線の作図を完了させる。

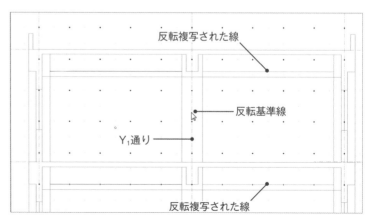

6 「線」（／）コマンドの水平・垂直モードで、図のように、最上部にパラペットを結ぶ水平線をかき、向こう側（北側）に見えるパラペットの姿線とする。

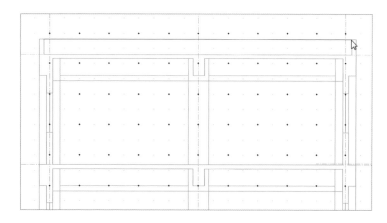

5.3.8 床の仕上線および屋根の断面線を作図

続けて、床の仕上線（FL）および屋根の断面線をかきます。仕上線は断面線ですが、躯体の断面線との間隔がわずかなので、太線の実線で作図します。

1 線色2（黒色）に切り替える。

2 「複線」コマンドで、1階天井線を間隔2700で下に複線して、1階床の仕上線をかく。

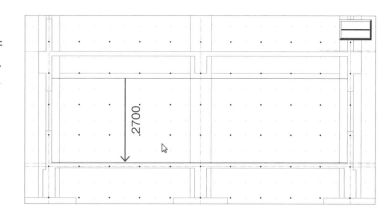

3 同様に、2階天井線を間隔2700で下に複線して、2階床の仕上線をかく。

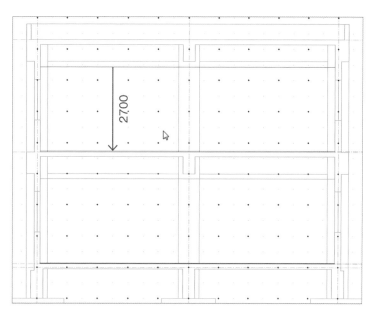

続いて屋根の断面線をかきます。本建築の屋根勾配は1/50です。Jw_cadでは、勾配1/10の場合は「傾き」ボックスに「//0.1」と入力する仕様になっているので、1/50は「//0.02」と入力します。

4 「線」（／）コマンドで、コントロールバー「水平・垂直」のチェックを外す。

5 コントロールバー「傾き」に「//0.02」と入力する（「//」は半角スラッシュ2つ）。

6 屋根勾配を表す斜線の始点として、図のパラペット内側隅を🖱️（右）する。

information

「傾き」ボックスに「//0.02」と入力し、線の始点を指示すると、ボックスの数値は小数値（$\tan\theta$）に自動換算表示されます。

7 斜線の終点位置として、図の交点を🖱️（右）する。

8 「複写」コマンドで、**6**〜**7**でかいた斜線を図のように矩形範囲指定し、斜線を🖱️して追加する。

information

ここでの斜線は他の線と混み合っていて選択しづらい状態です。そこで、矩形範囲選択時に「わざと」何も選択されないように囲み、その後、斜線を個別に🖱️して追加選択しています。Jw_cadのベテランユーザーが使う裏技です。

9 Y_1通りを軸に反対側に反転複写する。

図は、ここまでの結果です。

10 上書き保存する。

Ⓒ Ⓓ CH5-03C.jww

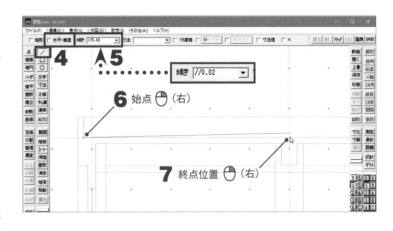

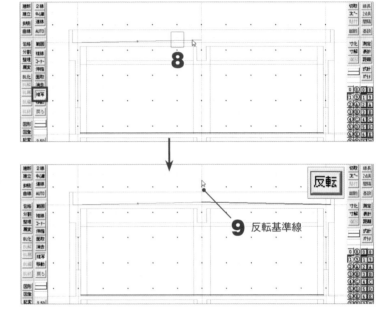

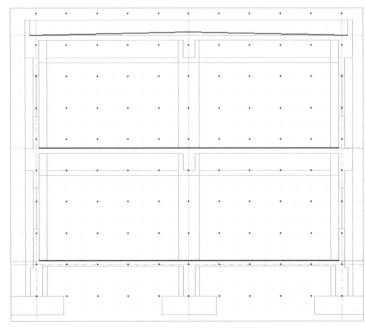

5.3.9 室内の建具の姿線を作図

次は、室内の建具の姿線をかきます。p.181で回転複写した2階平面図から線を伸ばしてきて、断面図の建具線位置とします。書込レイヤは「1-1」のままです。線色は線色1（水色）に切り替えます。

1 線色1（水色）に切り替える。

2 「線」（／）コマンドの水平・垂直モードで、図のように、2階平面図の内壁角から、2本の垂直線を、断面図の2階床（2SL）までかき下ろす。

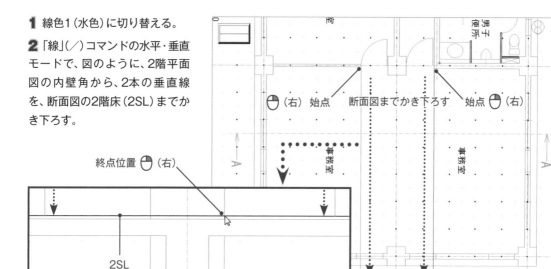

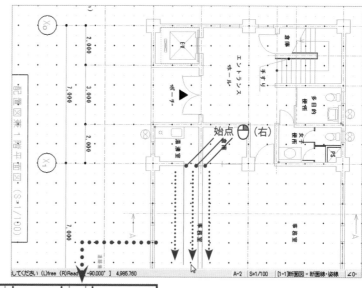

3 同様にして、1階平面図の各内壁角から、3本の垂直線をかき下ろす。

information

少々ややこしい作業ですが、要は、平面図の柱や壁の位置と断面図のそれを整合させる（→p.11）ために、仮のガイド線をかく作業にすぎません。なお、かき下ろし途中でもp.56の画面ズーム機能が使えます。途中で画面表示を変更しなければならない場合は、慌てずに作業してください。

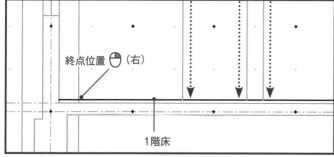

垂直線を1本追加します。

4 **2**で2階平面図からかき下ろしてきた垂直線につなげるように、図の位置に垂直線をかく。

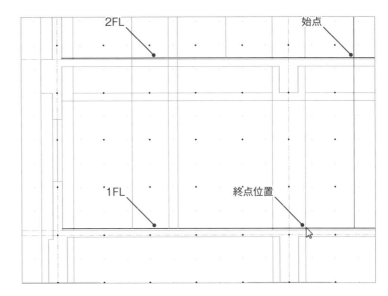

開口部断面の輪郭線を出します。

5 「複線」コマンドで、1階床の水平線を、間隔2000で上に複線する。

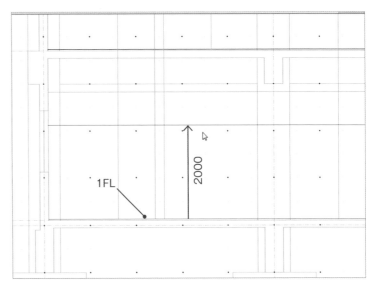

6 「消去」コマンドで、図の水平線を節間消しする。

7 「コーナー処理」コマンドで、図のようにコーナーを作る。

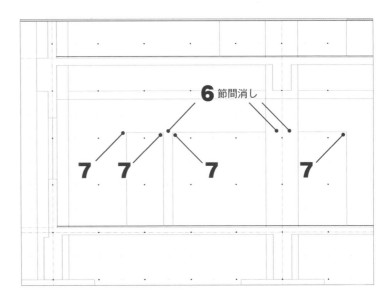

8 「複線」コマンドで、2階床の水平線を、間隔2000で上に複線する。

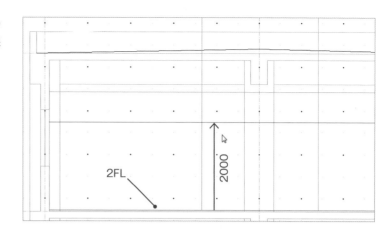

9 「コーナー処理」コマンドで、図のようにコーナーを作る。

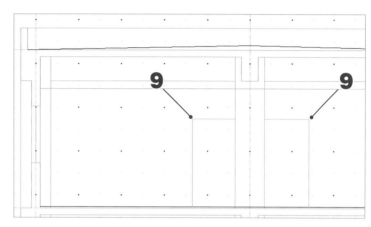

10 「複線」コマンドで、9でコーナー処理して仕上げた開口部の輪郭線4本を、それぞれ間隔40で外側に複線する（図は1本目の複線場面。他は次項の図）。

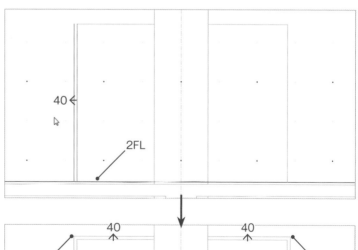

11 「コーナー処理」コマンドで、図のようにコーナーを作る。

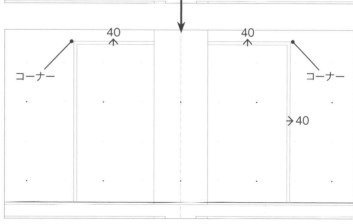

12 前ページ**10**と同様に、1階部分もそれぞれ間隔40で外側に複線し、「コーナー処理」コマンドで図のようにまとめる。

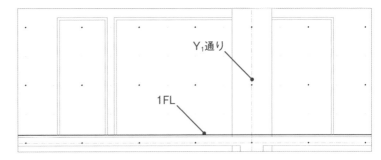

13 「中心線」コマンドで、1階の幅が広い開口部の中央に垂直線を1本追加して、建具の姿線とする。

以上で、断面図の断面線、開口部や建具の姿線の作図は完了です。

14 上書き保存する。

ⒸⒹ CH5-03D.jww

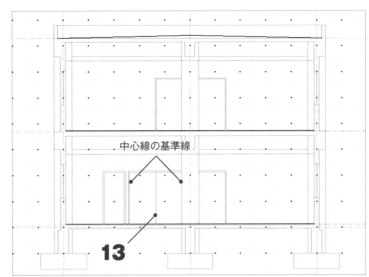

COLUMN 断面図とパースの関係

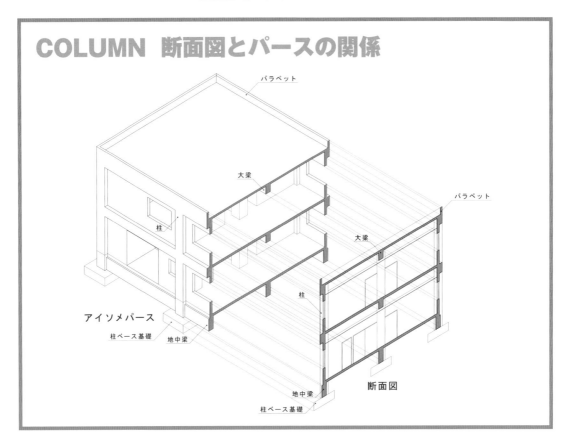

5.4 室名、寸法、高さ記号、屋根勾配記号の作図

ここでは、室名、寸法、高さ記号、屋根勾配記号を記入して断面図を完成させます。4章の平面図の作図と同様の作図内容が多いので、それについては作図操作の説明を省略します（→p.158「4.8」）。なお、高さ記号の作図には「線記号変形」コマンドを使います。

製図のポイント

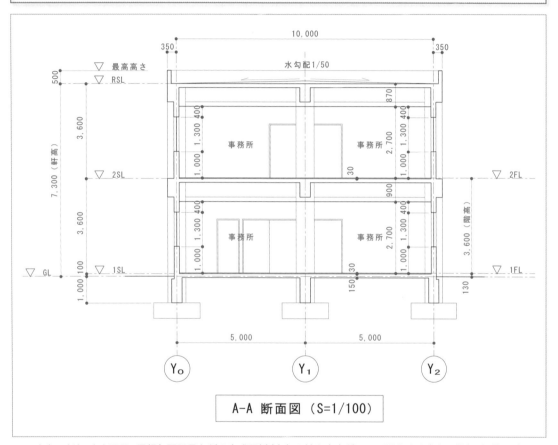

A-A 断面図 （S=1/100）

室名、寸法、高さ記号、屋根勾配記号などの完成図例（赤色の線や文字がここで記入する室名、寸法、各種記号）

① 作図するレイヤは、1レイヤグループの2レイヤです。レイヤグループ名は「断面図」、レイヤ名は「室名・寸法他」です（3章で設定済み）。

② 室名および寸法の記入要領については、p.158の「4.8　室名、寸法、基準記号、切断線などを作図し、平面図を完成」も参照してください。

③ 屋根勾配記号の線は、細線の実線（本書では「線色1（水色）」「実線」）でかきます。

④ 高さ記号は、Jw_cadに用意されている線記号変形データを貼り付け、文字を編集します。

5.4.1 基準線の端点を移動

p.214以降で基準線に寸法を記入するので、基準線の端点を寸法線記入予定位置に移動しておきます。

1 図面ファイル「課題.jww」（または「CH5-03D.jww」）を開き、書込レイヤを2に、0と1レイヤは編集可能レイヤに切り替える（書込レイヤグループは1のまま）。

2 「伸縮」コマンドで、グリッドの位置を目標にして、各基準線を図のように伸縮する（各線ばらばらな位置になるので正確に行う）。

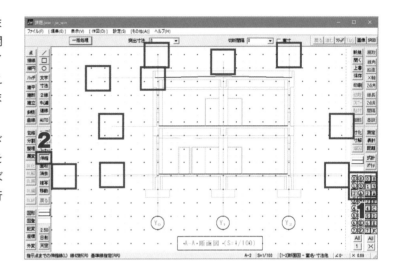

5.4.2 断面図を所定の位置に移動

ここまでかいてきた断面図全体を表題欄上部に移動します。「図形移動」コマンドを使います（→p.160）。

1 「図形移動」コマンドで、図のように断面図全体を矩形範囲選択し（終点は🖱（右））、図の交点を基準点とする。

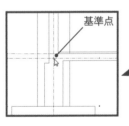

基準点

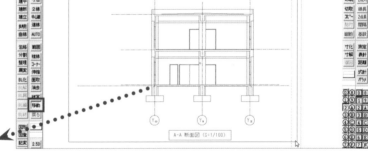

2 表題欄上部付近（→p.9）の位置（黒色グリッド）に移動する。

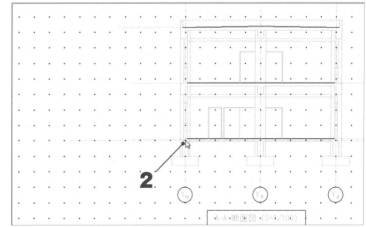

5.4.3 室名の文字を記入

断面図中に室名の文字を記入します。記入方法は4章を参照してください。

1「文字」コマンドで、文字種[3]、文字基点「中中」で、4個所に「事務室」と記入する。

断面図への文字の記入は以上です。

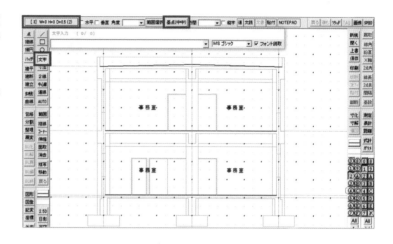

5.4.4 寸法の記入

断面図に寸法を記入します。記入方法は4章を参照してください。

1「寸法」コマンドを実行し、コントロールバーの左から3番目の「ー」ボタンの状態で、下辺の連続寸法を記入する。

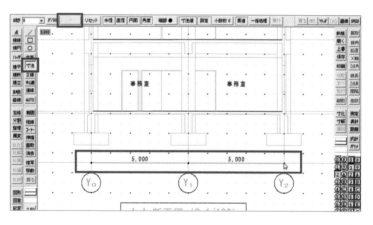

2 リセットしてから、「傾き」を「90」に設定し、左辺の垂直連続寸法を記入する。

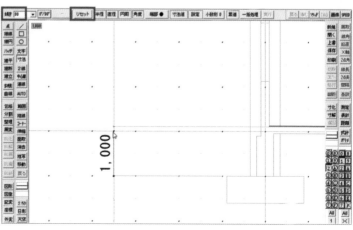

寸法値が重なってしまう場合は、Jw_cad特有の「クロックメニュー」による「寸法値移動」機能で調整します（クロックメニューは機能が膨大なので、その説明は他書に譲ります）。

3 移動する寸法値（ここでは「100」）の上にマウスポインタを置き、右ボタンを押しながら時計の1時方向に少しドラッグすると、図のクロックメニュー「寸法値 移動」が表示されるので、マウスのボタンを離す。

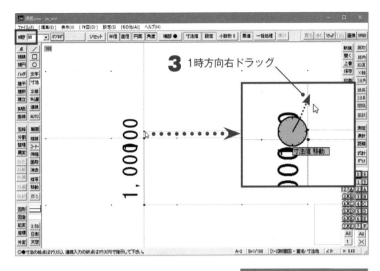

4 ここで寸法値の移動方向を横方向（画面上では縦方向）に拘束したいので、コントロールバー「基点」を🖱して、「文字横方向」にチェックを付ける。

5 仮の赤色の寸法値枠が表示されるので、任意の横方向（画面上では縦方向）にマウスポインタを移動して、確定の🖱をする。

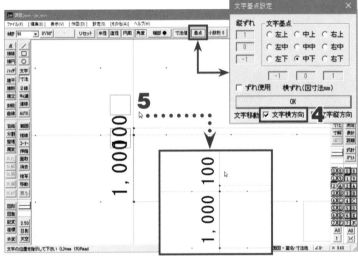

クロックメニューの寸法値関係の機能をもう1つ使ってみます。図は寸法値「7,300」を記入した個所ですが、ここを「7,300（軒高）」に変更します。「寸法」コマンドによる自動寸法記入機能では寸法値は数字だけになりますが、クロックメニューを使うと任意の文字を追加することができます。

6 変更する寸法値（ここでは「7,300」）の上にマウスポインタを置き、右ボタンを押しながら時計の2時方向に少しドラッグすると、図のクロックメニュー「寸法値【変更】」が表示されるので、マウスのボタンを離す。

7 図のダイアログが表示されるので、「7,300（軒高）」に変更して、「OK」を🖱する。

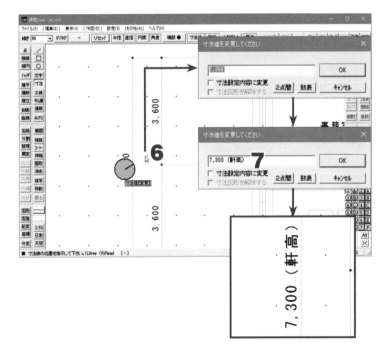

8 他の寸法も同様にして記入する。

断面図の寸法は図のとおりです。

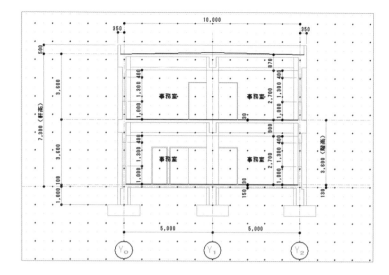

5.4.5 高さ記号の作図

次に高さ記号をかきます。文字付加機能をもつ「線記号変形」コマンドを使います(→p.87)。

1 「線記号変形」コマンドを実行し、「ファイル選択」ウィンドウで、「jww」フォルダの「【線記号変形A】建築1」フォルダから、「高さ記号(3mm)」を読み込む。

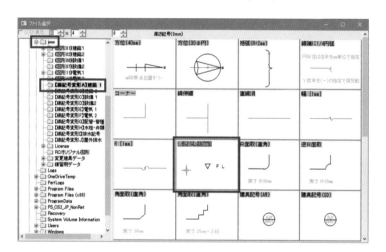

2 線記号「高さ記号(3mm)」を貼り付ける位置として、図のように、X_0基準線上の黒色グリッドを🖱(右)する。

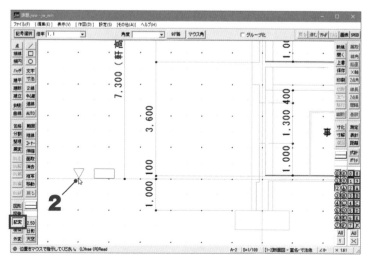

線記号「高さ記号（3mm）」が貼り付くと、「線記号変形」コマンドのまま「文字」コマンド実行時の「文字入力」ボックスが表示され、高さ記号の右に仮の赤色の文字枠が表示されます。ここに、高さ記号を表す任意の文字を記入することができます。

3 「文字入力」ボックスに、ここでは「GL」と入力する。

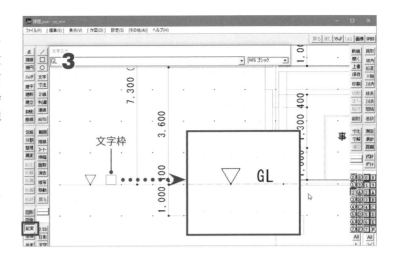

4 他の高さ記号も同様にして記入する。

結果は図のとおりです。

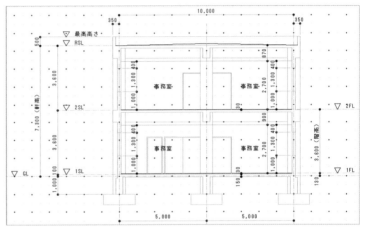

5.4.6 屋根勾配記号の作図

断面図作図の最後は屋根勾配記号の作図です。p.24で説明していますが、ここではRC造建築物屋上の特徴である「水勾配」の表現を作図します。線色1（水色）に切り替えます。

1 線色1（水色）に切り替える。

2 「複線」コマンドで、屋根勾配の斜線を適当な間隔で上に端点指定複線する。複線間隔も端点位置も図のように適当でよい。

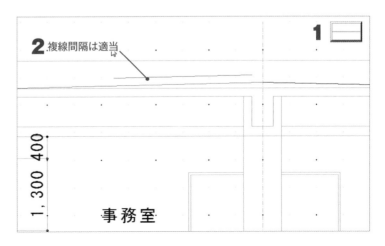

3「線」(／) コマンドで、コント
ロールバー「水平・垂直」のチェ
ックを外し、**2**で複線した斜線の
左端を始点として、図のような短
い斜線をかく。

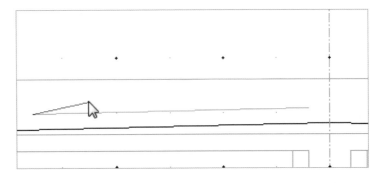

ここまでかいた2本の斜線を、Y₁
通り基準線の右側に反転複写し
ます。

4「複写」コマンドで、図のよう
に2本の斜線を矩形範囲選択し、
Y₁通りを基準線として反転複写
する。

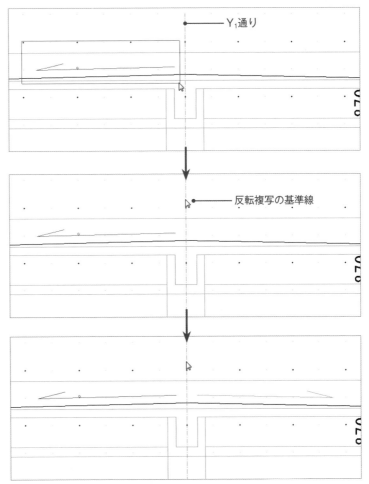

5「文字」コマンドで、文字種
[3]、文字基点「中中」で、図の位
置に「水勾配1/50」と記入する。

6 上書き保存する。

以上で断面図は完成です(→次ペ
ージ)。

Ⓒ Ⓓ CH5-04.jww

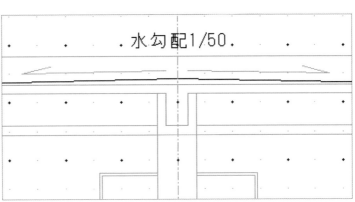

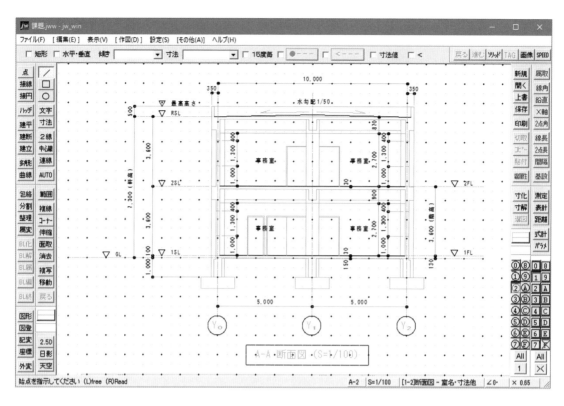

COLUMN 著者運営のサイト紹介

http://agsgozaru.jugem.jp

http://ags.gozaru.jp

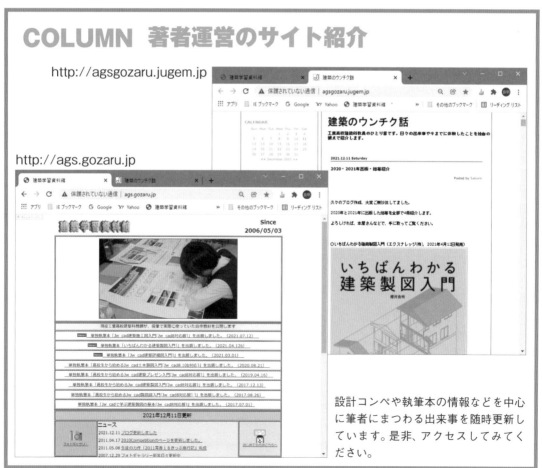

設計コンペや執筆本の情報などを中心に筆者にまつわる出来事を随時更新しています。是非、アクセスしてみてください。

6章 立面図の作図

この6章では、これまでかいてきた平面図、断面図のデータを利用して、本書の最後の建築製図として、「南立面図」を作図します。

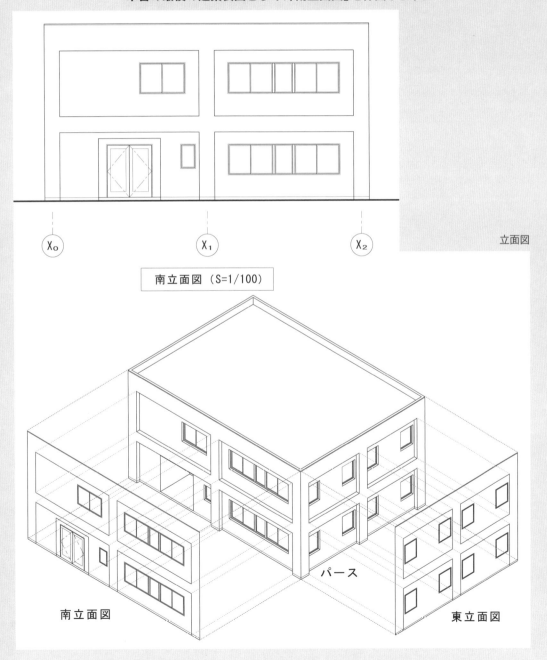

立面図

X₀　　X₁　　X₂

南立面図（S=1/100）

南立面図　　パース　　東立面図

6.1 立面図作図の前に

ここでは、「鉄筋コンクリート（RC）造2階建事務所」の立面図についての基礎知識を学びます。以下の「製図のポイント」および解説図などをしっかり理解してから作図を始めるようにしてください。また、4章でかいた1階平面図はそのままの位置で、2階平面図を複写して立面図をかくための準備をします。

製図のポイント

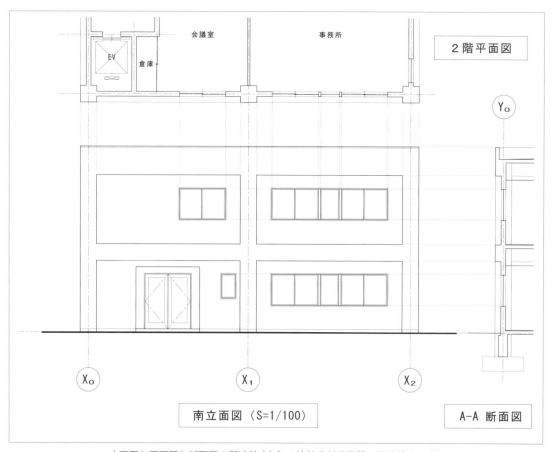

立面図と平面図と断面図の関連性（赤色の線部分が図面間の関連性を示す）

【 立面図の作図法 】

① 立面図とは、建築物の外面を指定した方向（東西南北など）から眺めた様子を表した図面です。

② 立面図は、普通、東西南北4面を必要とし、呼び方はその方向によって区別します。例えば、南側から見た立面図は「南立面図」と呼びます。

③ 立面図は、原則として基準地盤線＜GL＞（グランドライン）を最下としてかきます。

④ 立面図は、外観で見えるものすべてをそのまま表現するのが原則ですが、施工上重要でない雨樋（あまどい）や、他の補足図面などで示されるものは省略することもできます。

⑤ 外形線および柱と梁間などの境界線は、極太線の実線（本書では「線色3（緑色）」「実線」）でかきます。

⑥ 開口部は、メリハリを付けるため、次ページの図のように極太線の実線（本書では「線色3（緑色）」「実線」）と細線の実線（本書では「線色1（水色）」「実線」）を使い分けます。

⑦ 基準地盤線＜GL＞（グランドライン）は、建築物に安定感をもたせるため、狭い間隔で極太線の実線（本書では「線色3（緑色）」「実線」）を連続（ここでは10本）でかき並べ、「超極太線の実線」に見せます。

⑧ パラペットの笠木の線は姿線なので、細線の実線（本書では「線色1（水色）」「実線」）でかきます。

⑨ 立面図をかく時は、用紙枠の周囲（本書では左外側）に平面図と断面図を作図（配置）しておき、必要に応じて平面図や断面図から線を伸ばし、平面図と断面図の一部要素を複写・編集して作図します。

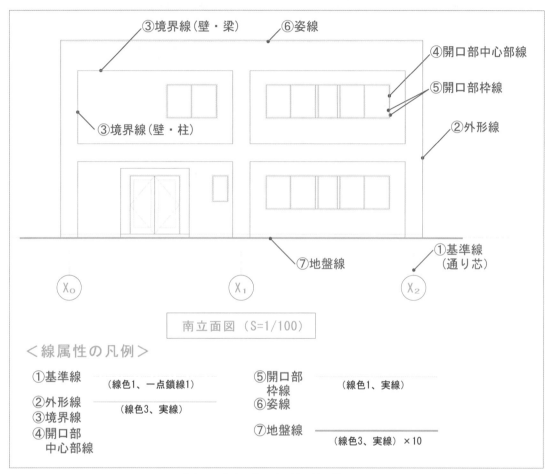

6章での立面図作図時の線属性の使い分け

6.1.1 作図済みの2階平面図を1階平面図の上部に複写

南立面図は、作図済みの1階平面図の下部に作図するのが正確さを出すのに最適です。また、南立面図は2階平面図にも関係するので、1階平面図の上部に基準線（通り芯）が整合した2階平面図がないと困ります。したがって、南立面図の作図前に、1階平面図の上部に2階平面図（図面名は除く）を複写します。

1 Jw_cadを起動して、5章の最後に保存した図面ファイル「課題.jww」（または練習用データ「CH5−04.jww」）を開く。

2 「複写」コマンドで、図に示すように、2階平面図全体（図面名を除く）を矩形範囲選択する。

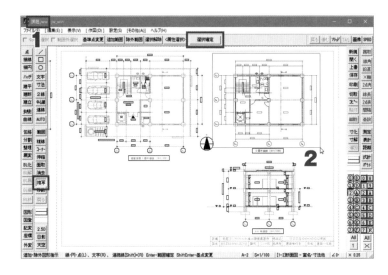

3 複写の基準点を、図に示す2階平面図の左下基準線交点とする。

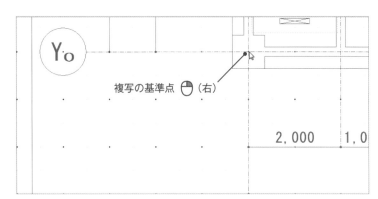

複写の基準点 🖱(右)

2,000　1,0

4 1階平面図のX₀通り基準線（通り芯）と整合する位置の黒色グリッドを🖱(右)して、複写する。

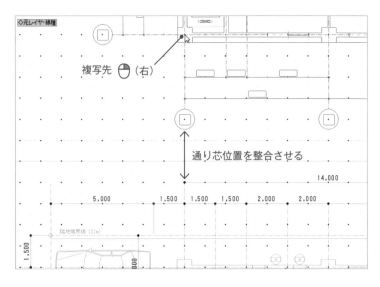

複写先 🖱(右)

通り芯位置を整合させる

14,000

5,000　1,500　1,500　1,500　2,000　2,000

1,500

図のようになればOKです。なお、ここで複写した2階平面図は、南立面図作図後に消去します。

5 上書き保存する。

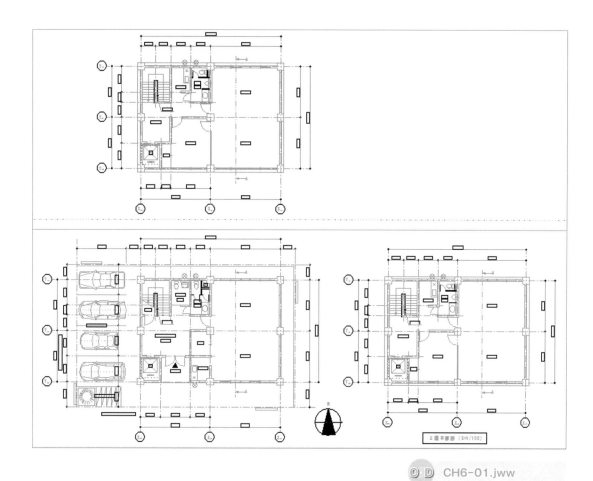

CH6-01.jww

6.2 基準線、基準記号、図面名の作図

ここでは、1階平面図の基準線を利用して、立面図の基準線、基準記号、図面名をかきます。

製図のポイント

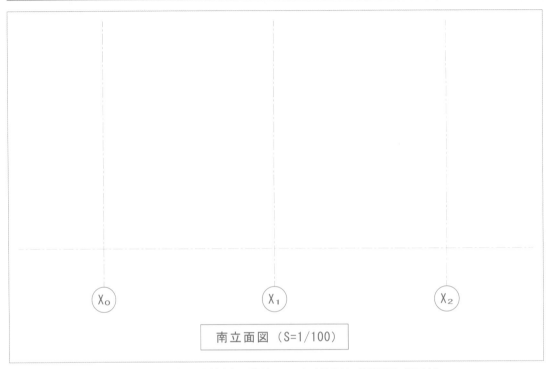

基準線などの完成図例（赤色の線がここでかく基準線、基準記号、図面名）

① 作図するレイヤは、2レイヤグループの0レイヤです。レイヤグループ名は「立面図」、レイヤ名は「基準線」です（3章で設定済み）。
② 基準線は、細線の一点鎖線で作図します。本書では、線色「線色1（水色）」、線種「一点鎖1」を使用します。
③ 基準記号、図面名は、1階平面図でかいたものをコピーして、一部編集して使います。

6.2.1 基準線、基準記号、図面名の作図

まず、基準線の整合性に注意しながら、立面図の基準線、基準記号、図面名をかきます。1階平面図の基準線をかき伸ばしてくる手順は、断面図の場合と同じ要領です。

1 Jw_cadを起動して、前6.1節で保存した図面ファイル「課題.jww」（または練習用データ「CH6-01.jww」）を開く。

2 書込レイヤグループを2、書込レイヤを0に切り替える。

information

立面図の作図なので、書込レイヤグループを切り替えます。

3 線色1（水色）、一点鎖1に設定する。

4 「線」（／）コマンドの水平・垂直モードで、図のように、1階平面図のX0通り基準記号円の下端から、垂直線をかき下ろしてくる（X1およびX2通りも同様）。

5 続いて、図のように、断面図のGL基準線から左に水平線をかき伸ばしてくる。

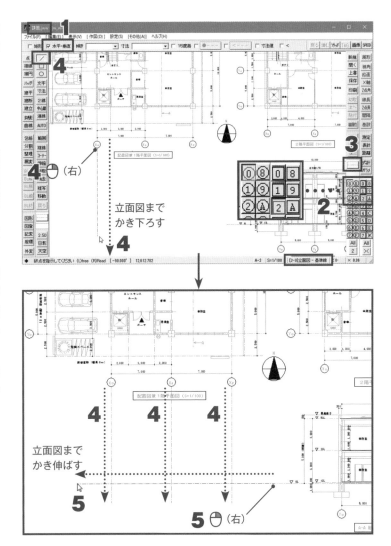

基準記号は1階平面図の基準記号を複写して利用します。レイヤグループが異なるので「コピー」&「貼り付け」になります（→p.184）。

6 「範囲選択」コマンドで、図のように、1階平面図の3個所の基準記号をまとめて矩形範囲選択する。

7 コントロールバー「基準点変更」を｜して、基準点を図の円周と基準線の交点に設定する。

8 「コピー」コマンドを｜する。

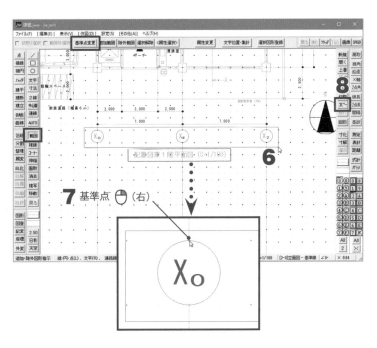

9 立面図の作図位置に移動した
ら「貼り付け」コマンドを🖱し、
図のように、**4**でかいた一番左に
ある垂直線下端付近の水色グリ
ッドを🖱（右）して複写する。

10 「伸縮」コマンドで、基準記
号の円の中に食い込んだままの
基準線を円周上まで縮める（X_1お
よびX_2通りも同様）。

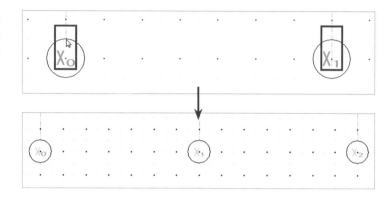

11 「範囲選択」コマンドで、断
面図の図面名を枠ごと矩形範囲
選択し、基準点を設定する。

12 「コピー」コマンドを🖱する。

13 立面図の作図位置に移動し
たら「貼り付け」コマンドを🖱し、
図の黒色グリッドを🖱（右）して
複写する。

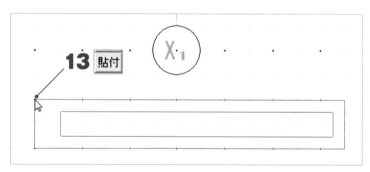

14 「文字」コマンドで、文字種
[5]で「南立面図（S=1/100）」
にかき替える（→p.187）（結果は
次ページの図）。

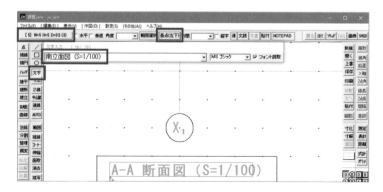

15「パラメトリック変形」コマンドで、枠を縮める右辺部分を図のように矩形範囲選択する（→p.187）。

16 パラメトリック変形操作の基準点を🖱(右)する。

17 図のように縮める。

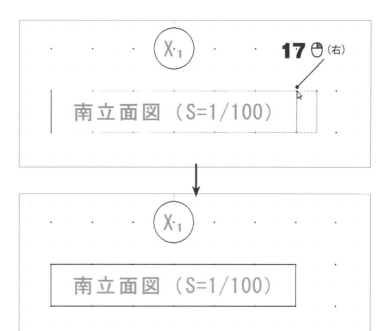

18 上書き保存する。

 CH6-02.jww

6.3 南立面図の作図

ここでは、前6.2節でかいた基準線を基に、引き続き平面図および断面図のデータを利用しながら、外形線、柱と壁間の境界線などをかきます。また、本書オリジナルの「RCオリジナル図形」を使って、建具を貼り付けます。

製図のポイント

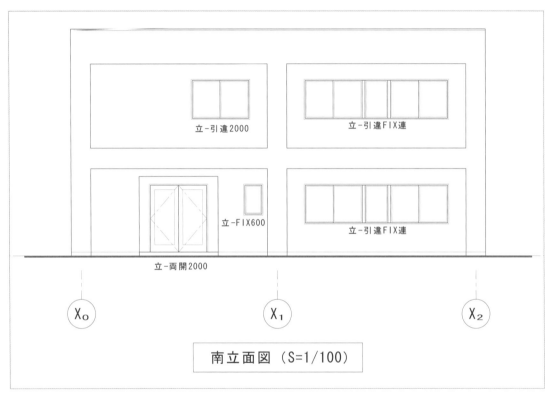

南立面図の完成図例（赤色の線がここでかく南立面図。他の黒色の線や文字は作図時の参照用）

① 作図するレイヤは、2レイヤグループの1レイヤです。レイヤグループ名は「立面図」、レイヤ名は「南立面図」です（3章で設定済み）。
② 平面図および断面図より位置や高さを線で導き、立面図を作図します。
③ 外形線および境界線は、極太線の実線（本書では「線色3（緑色）」「実線」）でかきます。
④ 姿線は、細線の実線（本書では「線色1（水色）」「実線」）でかきます。
⑤ 開口部（建具）は、「RCオリジナル図形」を貼り付けます。

6.3.1 外形線と地盤線の作図

まず、基準線の整合性に注意しながら、立面図の外形線と地盤線をかきます。

1 Jw_cadを起動して、前6.2節で保存した図面ファイル「課題.jww」(または練習用データ「CH6−02.jww」)を開く。

2 書込レイヤを1に切り替え、0レイヤを表示のみレイヤに切り替える。

3 線色3(緑色)、実線に切り替える。

4 「線」(／)コマンドの水平・垂直モードで、1階平面図のX_0通り左下柱角から、立面図のGL基準線まで垂直線をかき下ろす。

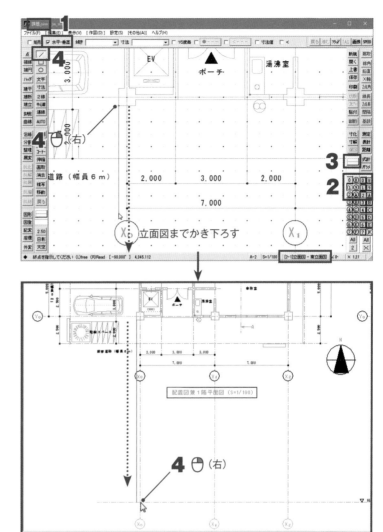

5 同様に、1階平面図のX_2通りの右下柱角から垂直線をかき下ろす。

6 断面図のパラペット上辺の寸法端部から左に水平線をかき伸ばす。

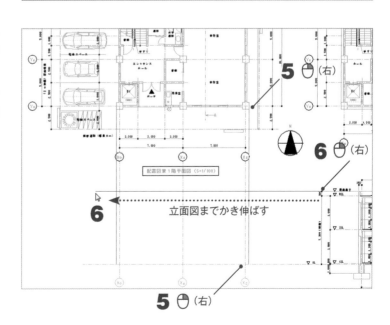

7 「コーナー処理」コマンドで、**4**、**5**、**6**でかいた3本の線で2個所にコーナーを作る。

8 「線」(／)コマンドの水平・垂直モードで、図のGL基準線上に重ねて水平線をかく(始点・終点は図の黒色グリッド)。

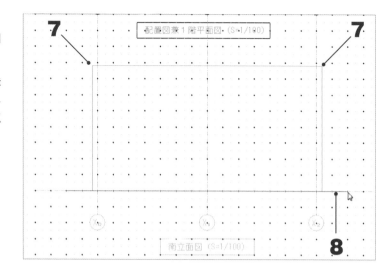

9 「複線」コマンドで、**8**でかいた水平線を選択したら、画面を目一杯拡大する。

10 間隔5で、下に9本複線(2本目からは連続複線)し、計10本とする。

間隔の狭い線を密集させることで地盤線の擬似塗り表現とする手法です。他に、ソリッドで着色したり、本書では扱わなかったハッチングを施したり、模様画像の貼り付けを行ったりする場合もあります。

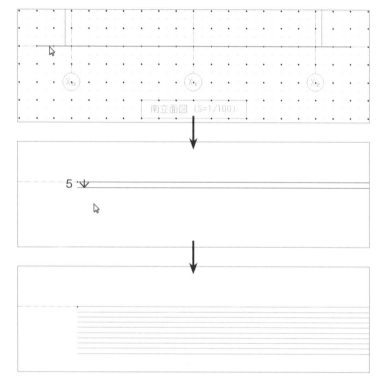

以上で、外形線と地盤線の作図は完了です。

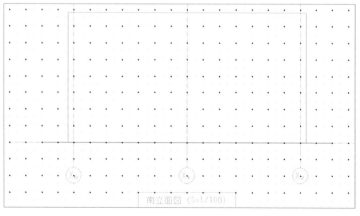

6.3.2 境界線の作図

次に、境界線をかきます。p.12の図面を見ていただくとわかりますが、境界線は、南の真正面から建物を見た時の柱と壁面の段差を表現する線になります。

1 前項と同様にして、1階平面図から、図の6本の垂直線をかき下ろす。

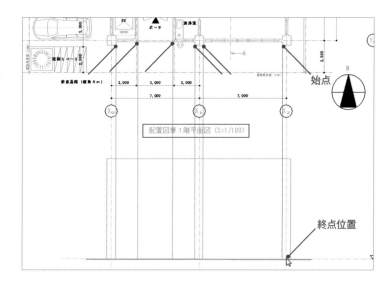

2 同様に、断面図から、図の3本の水平線をかき伸ばす（終点は図の垂直線を突き抜ければだいたいでよい）。

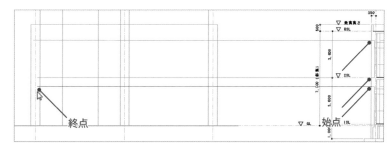

3 「コーナー処理」コマンドで、**1**、**2**でかいた線で2個所にコーナーを作る。

4 「伸縮」コマンドで、図の2本の垂直線、および2本の水平線を図の位置付近（グリッドでなくてよい）まで縮める。

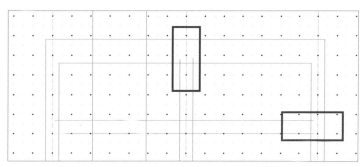

6
章

立
面
図
の
作
図

5 「包絡処理」コマンドで（→p.
121）、図のように矩形範囲選択
して、不要線を一気に消去する。

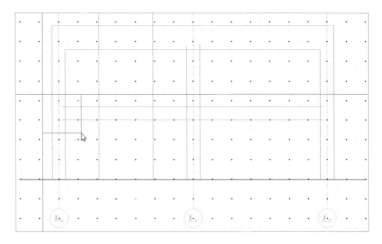

6 同様に、図の3個所の不要な線
も包絡処理で一気に消去する。

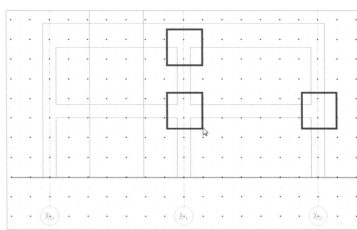

7 「複線」コマンドで、GL基準線
（地盤線群の最上線）を、間隔
2730で上に複線する。

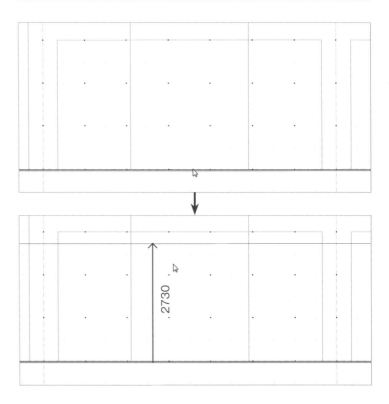

8 「コーナー処理」コマンドで、図の2個所にコーナーを作る。

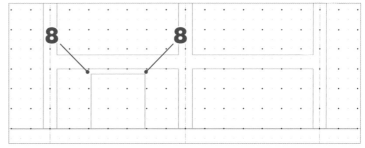

9 「複線」コマンドで、再び、GL基準線（地盤線群の最上線）を、間隔130で上に端点指定複線する。

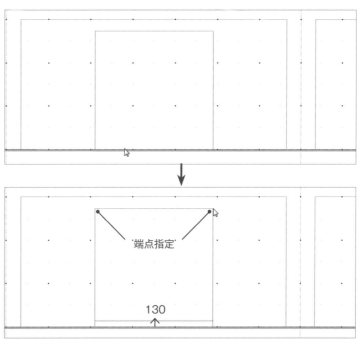

端点指定

130

6.3.3 基礎の姿線を作図

ここで、基礎の姿線をかきます。

1 線色1（水色）、実線に切り替える。

2 「線」（／）コマンドの水平・垂直モードで、図の2本の水平線をかく。

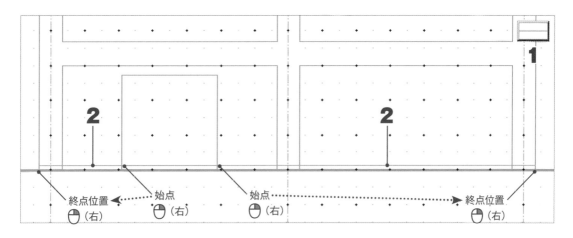

次に、開口部（建具）をかきます。立面図の開口部には、RCオリジナル図形データを貼り付けます。ここであらためて、平面図および断面図から開口部を作図する場合、図面間で以下の関係があることを確認しておいてください。とても重要なことで、これを無視すると間違った図面になり得ます。

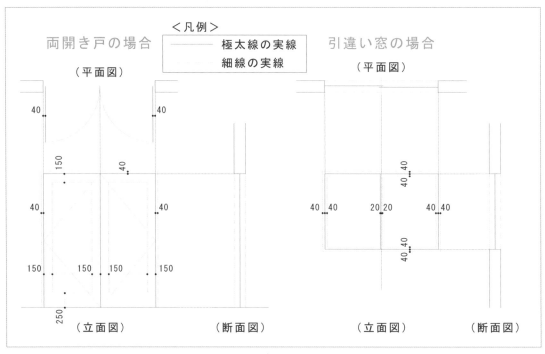

開口部の平面図・断面図・立面図間の関係

線属性を補助線色（ピンク色）、補助線種（点線）に切り替え、1階平面図・2階平面図・断面図から必要な位置の線を伸ばしてきて、開口部に貼り付ける建具の位置の仮線とします。画面が小さいとたいへんやりづらい作業ですが、p.220の完成図や前ページの関係図を参考にして、正確な位置の線を拾い出してきてください。

1 線属性を補助線色（ピンク色）、補助線種（点線）に切り替える。

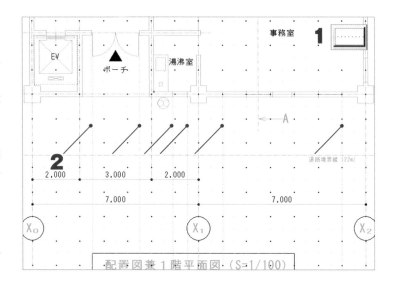

2「線」(／)コマンドの水平・垂直モードで、1階平面図から6本の垂直線をかき下ろす（前ページの図参照）。

3 同様に、2階平面図から2本の垂直線をかき下ろす。

下図のように立面図まで伸ばしてくればOKです。

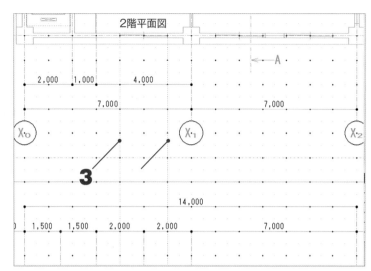

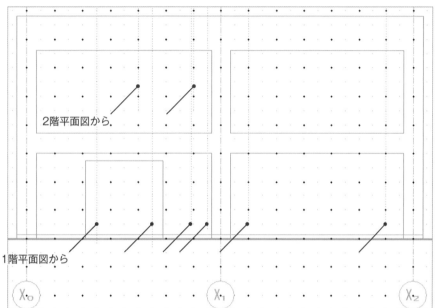

4 同様に、断面図から4本の水平線をかき伸ばす。

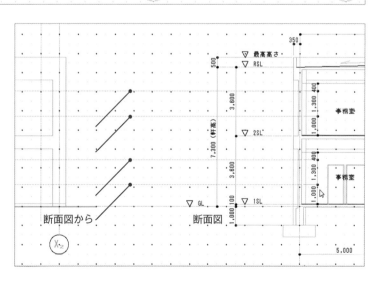

5 「複線」コマンドで、**4**で伸ばしてきた水平線のうちの図の線を、間隔1000で下に端点指定複線する（始点・終点は図のようにたいだいでよい）。

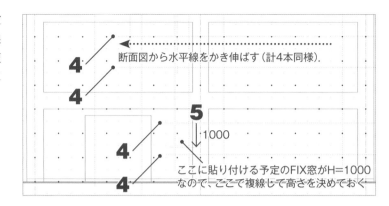

断面図から水平線をかき伸ばす（計4本同様）.

5 ↓1000

ここに貼り付ける予定のFIX窓がH＝1000なので、ここで複線して高さを決めておく

作図が終わった開口部位置の線をガイドに、RCオリジナル図形を読み込んで貼り付けます。詳しい作図方法はp.144を参照してください。

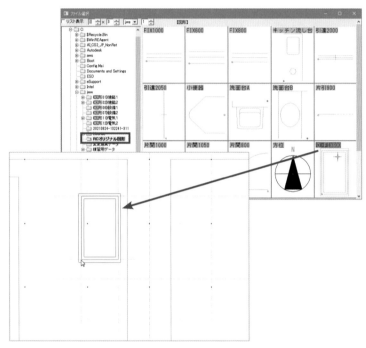

6 「図形」コマンドを実行し、「jww」フォルダ内の「RCオリジナル図形」フォルダから、「立ーFIX600」を🖱🖱して読み込み、図の開口部に貼り付ける。

7 同様にして、下図のように所定の位置にそれぞれの建具を貼り付ける。

以上で、建具の作図は完了です。

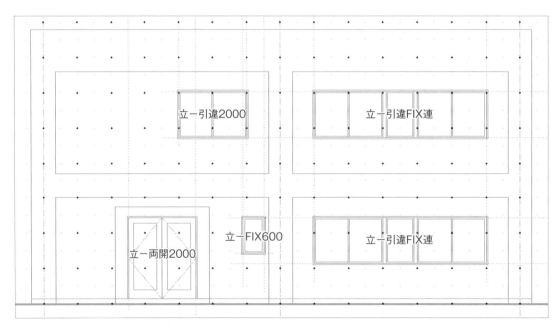

立ー引違2000　　立ー引違FIX連

立ーFIX600

立ー両開2000　　立ー引違FIX連

6.3.5 笠木の作図

笠木（パラペット頂部の仕上材）の線をかきます。

1 線色1（水色）、実線に切り替える。

2「複線」コマンドで、立面図最上辺（パラペット姿線）の水平線を、間隔50で下に複線し、笠木とする。

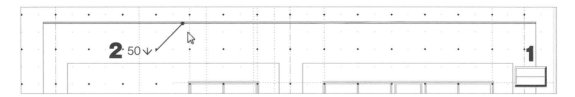

6.3.6 不要な図形や線を消去・伸縮し、図面を整える

これまでかいてきた図形や線のうち、不要なものを消去したり線を伸縮したりして、図面を整えます。

1「範囲選択」コマンドで、不要になった3つの平面図を選択する（左の2つは矩形範囲選択し、右の1つはコントロールバー「追加範囲」を🖱して追加で矩形範囲選択する）。

2「消去」コマンドを🖱すると、ただちに選択した図形が消去される。

3「伸縮」コマンドで、立面図のX_0、X_1、X_2基準線を下端付近まで縮め、立面図上に被らないようにする（図は1本目のX_0基準線を縮めた場面）。

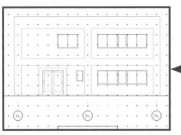

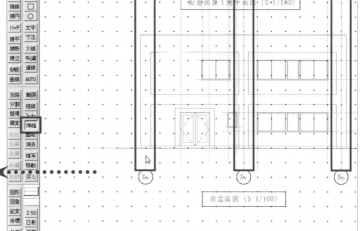

4 「消去」コマンドを使って、不
要になった補助線を1つ1つ
🖱️（右）して、すべて消去する。

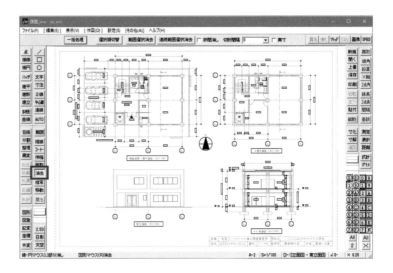

6.3.7 図面枠・表題を編集可能レイヤにして、完成

立面図が完成しました。プロテクトレイヤグループのF（図面枠・表題）をプロテクト解除し、編集可能レイヤ
グループに切り替えて、作図学習を終了してください。

1 p.41を参照して、Fレイヤグ
ループのプロテクトを解除する。

2 上書き保存する。

© D CH6-03.jww

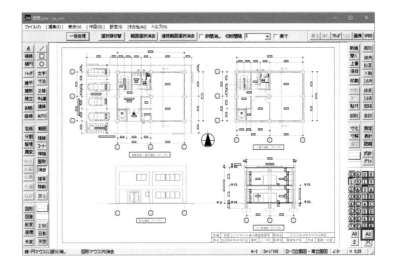

以上で、本書でのすべての作図説明は終了です。
わからないところはそのままにせず、付録CDに収録した練習用データなどをうまく活用し、問題を解決して
ください。繰り返し練習することがJw_cad上達の秘訣です。Jw_cadを繰り返し使うことで、そのソフトが
もつ特性（くせ）が徐々にわかってくると思います。それがわかるようになるまで頑張ってください。

著者紹介

櫻井 良明（さくらい よしあき）

一級建築士、一級建築施工管理技士、一級土木施工管理技士。
1963年、大阪府生まれ。
1986年、福井大学工学部建設工学科卒業。
設計事務所、ゼネコン勤務、山梨県立甲府工業高等学校建築科教諭などを経て、現在、日本工学院八王子専門学校テクノロジーカレッジ建築学科・建築設計科教員。
長年にわたりJw_cadによる建築製図指導を続けていて、全国のさまざまな建築設計コンペなどで指導した生徒を多数入選に導いている。

著書

『Jw_cad建築施工図入門［Jw_cad8対応版］』（エクスナレッジ）
『Jw_cad 建築詳細図入門』（エクスナレッジ）
『いちばんわかる建築製図入門』（エクスナレッジ）
『これで完璧!! Jw_cad基本作図ドリル』（エクスナレッジ）
『高校生から始めるJw_cad建築製図入門［Jw_cad8対応版］』（エクスナレッジ）
『高校生から始めるSketchUp木造軸組入門』（エクスナレッジ）
『高校生から始めるJw_cad土木製図入門［Jw_cad8.10b対応］』（エクスナレッジ）
『Jw_cad で学ぶ建築製図の基本［Jw_cad8対応版］』（エクスナレッジ）
『高校生から始めるJw_cad製図超入門［Jw_cad8対応版］』（エクスナレッジ）
『高校生から始めるJw_cad建築構造図入門』（エクスナレッジ）
『高校生から始めるJw_cad建築プレゼン入門［Jw_cad8対応版］』（エクスナレッジ）
『建築製図 基本の基本』（学芸出版社）
『図解 建築小辞典』（共著、オーム社）
『新版 建築実習1』（共著、実教出版）
『二級建築士120講 問題と説明』（共著、学芸出版社）
『直前突破 二級建築士』（共著、学芸出版社）

ホームページ ：「建築学習資料館」　　http://ags.gozaru.jp/
ブログ　　　 ：「建築のウンチク話」 http://agsgozaru.jugem.jp/

高校生から始める **Jw_cad** 建築製図入門［RC造編］（Jw_cad8対応版）

2022年2月2日　初版第1刷発行

著　者　　櫻井 良明

発行者　　澤井 聖一
発行所　　株式会社エクスナレッジ
　　　　　〒106-0032　東京都港区六本木7-2-26
　　　　　https://www.xknowledge.co.jp/

問合せ先
編集　p.32の「FAX質問シート」を参照してください。
販売　Tel 03-3403-1321／Fax 03-3403-1829